글 위를 걷는 아이들

글 위를 걷는 아이들

초판 1쇄 발행 2023년 1월 31일

지은이 강도희 · 김보경 · 걸음글방 아이들
펴낸이 권경옥
펴낸곳 해피북미디어
등록 2009년 9월 25일 제2017-000001호
주소 부산광역시 동래구 우장춘로68번길 22
전화 051-555-9684 | 팩스 051-507-7543
전자우편 bookskko@gmail.com

ISBN 978-89-98079-70-3 03000

* 책값은 뒤표지에 있습니다.
* 잘못된 책은 구입하신 곳에서 교환해드립니다.

글 위를 걷는 아이들

강도희 · 김보경 · 걸음글방 아이들

해피북미디어

들어가며

우리는 몇 살 때부터 글을 쓰기 시작할까? 뇌과학자들은 인간의 언어능력을 담당하는 측두엽이 발달하는 시기가 만 6세부터라고 한다. 조금씩 충분히 읽고 나면 그제서야 우리는 쓰기 시작한다. 처음에는 누군가가 먼저 쓴 글자를 그대로 따라 쓰는 것에서 출발한다. 부모님이 적어준 내 이름, 서툴게 따라 '그리는' 것만으로도 환호를 받을 수 있었던 시절은 안타깝지만 그리 길지 않다. 아이는 차츰 문자가 아닌 것들을 문자로 바꿀 수 있게 된다. 선생님이 한 글자 한 글자 불러준 문장들을 받아쓰기 공책에 담고, 떠오르는 말들을 일기장이나 편지에 써넣고, 궁금한 것들을 검색창에 칠 수 있는 사람이 된다.

여러 단어와 문장들이 모이면 한 편의 글이 된다. 초등학교 저학년 시기 짧은 감상문이나 일기를 쓰면서 이제는 글에 주인공이 생긴다. 일기의 주인공은 대개 나다. 내가 중심인 글을 쓰면서 아이는 시간에 대해서 생각해보게 된다. 내가 과거에 무엇을 했는지, 현재 무엇을 하는지, 미래 무엇을 할 것인지를 정리한다. 독서나 영화 감상문을 쓰기 위해서는 책이나 만화, 영화를 머릿속에서 다시 재생시켜 주인공이 어떤 사람인지, 무엇을 했는지 곰곰이 생각해봐야 한다. 생각이 나지 않으면? 다시 찾아보면 된다. 그러나 일기는 다르다. 일기의 시간들은 다시 재생시킬 수 없다. 그래서 휘발성이 크다. 여기부터는 창작의 영역이다. 개학 전날 밤에 몰아서 쓰는 방학 일기는 기록이기보다는 창작에 가까울 확률이 높다. 날씨도 뒤죽박죽, 일요일에 한 것을 토요일에 했다고 쓰거나, 하나도 재미없었는데 재밌었다고 쓸 수도 있다. 시간을 되돌려 확인할 수도 없고, 어차피 기록하는 사람과 기록당하는 사람이 일치하기 때문에 당신 그거 잘못 썼다고 나무랄 사람도 없다. (잘못 쓴 거 아니야? 라고 의심할 사람은 있다!)

글쓰기는 엉덩이를 꼼짝없이 붙이고 앉아서 쓰기와 지우기(그 외에 대부분은 멍때리기)와 같은 아주 간단한 동작만을 무한 반복하는 일이라 고도의 집중력과 인내심을 발휘해야 한다. 초등 고학년부터 글쓰기 수업을 추천하는 이유는 여기에 있다. 글쓰기의 쾌감은 바로 오지 않고 어느 정도 완성한 글을 읽을 때 와르르 몰려온다. 그림을 그릴 때나 춤을 출 때와는 다르다. 많은 아이들은 이러한 기다림에 익숙하지 못하다. 몸의 자극(아, 배고프다), 옆 사람의 존재(쟤는 뭐 하지?), 다른 생각(끝나고 누구랑 놀까?)에 활짝 열려 있는 어린 아이들이 글을 쓰는 일은 더더욱 힘들다. 처음부터 긴 글을 막힘없이 써가는 사람은 없다.

그래서 아이들의 글쓰기에는 기다림 뒤의 기쁨을 충분히 만끽하도록 보상이 주어져야 한다. 글을 쓰고 나서 느끼는 뿌듯함, 누군가가 내 글을 읽을 때의 즐거움, 다른 이야기도 써보고 싶은 호기심이 무럭무럭 솟아야 아이는 제 손으로 다음 페이지를 넘길 수 있게 된다. 기운이 나고 자신감이 돋는 어느 날에는 먼젓번보다 조금 더 길게 글을 쓰기도 한다.

내가 가진 글쓰기 교육의 역사는 초등학교 1학년 무렵으로 거슬러 올라간다. 당시 도서관에서 일하셨던 엄마는 초록색, 파랑색의 두툼한 공책에 나와 동생의 사진과 이름띠를 각각 붙여 한 권씩 나눠주었다. 아마도 엄마는 문구점에서 가장 두꺼운 공책이었기 때문에 그것을 골랐을 터인데 초등학교 저학년이 쓰기에는 줄 간격이 너무 좁아서 글자를 줄 바깥으로 튀어나오게 하지 않으려 애썼던 기억이 난다. 한 장에 한 권씩 책 제목, 작가의 이름과 국적(왜 하필 국적에 집착했는지는 모르겠다), 출판사, 출판년도, 그리고 조그맣게 프린트한 책 표지를 오려 붙였다. 밑에는 감상문을 썼는데 대개는 줄거리를 줄줄 쓰고 주인공에 대한 격한 공감으로 끝나는 단순한 글이었다. 다른 가족들이 교회나 성당에 가듯 일요일마다 우리는 시립도서관에 가서 2주 동안 읽을 책을 빌린 뒤, 근처에서 점심을 사 먹고 집으로 돌아왔다. 도서관들의 대출 기간은 보통 14일이니 그다음 주는 다른 시립도서관에 갔다. 빛이 잘 들어오는 나의 작은 방을 거쳐 간 책들의 시간을 좀 더 오래 간직하기 위해 엄마는 그런 호텔 장부 같은 공책을 주었던 것일지도 모른다.

대학원에 온 지금 나는 조금 더 긴 글을 쓰는 사람이 되었다. 부모님부터 선생님, 교수님, 친구들까지 내 글쓰기에는 많은 사람들의 지문이 묻어 있다. 어쩌다 대학 및 대학원에서 한국 문학을 공부하면서 나의 주변은 어떤 방식으로든 글을 쓰는 사람들로 채워졌는데, 몇몇은 그 글쓰기를 생업으로 삼아 돈을 벌기도 하고, 몇몇은 일이 끝나고 남는 시간에 글쓰기를 한다. 서로의 글을 대놓고 혹은 몰래 읽으며, 우리는 서로에게 글을 써보라고 제안하거나 요구하기도 한다. 그네들이 내 글쓰기에 끼친 영향력은 무시하기 어렵다. 글은 결국 누군가에게 읽히려고 쓰는 것이다. 심지어 글을 쓰고 난 뒤에 찢어서 버려 실제로 읽히지 않는다 해도, 글을 쓸 때 우리는 이미 독자—그것이 미래의 나일지라도—를 상정하고 있다. 상상된 그 독자가 나에게 호기심을 보이는, 그러나 때로는 정당한 비판도 가할 수 있는 친구냐, 혹은 그러거나 말거나 비밀이나 잘못을 적발하려고만 하는 검열관이냐에 따라 글 스타일은 무진장 달라질 수 있다.

말할 것도 없이 처음 글을 쓰는 아이에게는 검열관보다 친구가 필요하다. 어른들이 글 좀 잘 쓰라고 잔소리하지 않아도 아이들은 글 잘 쓰는 사람이 되고 싶다. 선생님이 잘 썼다며 친구들 앞에서 읽어주거나, 학교 백일장에서 가슴을 쭉 펴고 상을 타는 경험도 한 번씩은 해보고 싶다. 그런데 문제는 글쓰기가 고되고 외롭기도 하다는 것에 있다. 축구나 롤과 달리 글쓰기는 여럿이서 할 수 있는 일이 아니다. 여럿이 한 교실에 모여서 쓴다고 해도, 글을 쓰는 순간만큼은 내 머릿속에서 일어나는 일들에 집중해야 한다. 글을 빨리 쓰고 낸 뒤 옆의 아이를 힐끗 바라본다면 아이는 친구가 지금 제 옆에 있지 않다는 것을 느꼈으리라.

어쩌다 석사학위 논문으로 아동 글쓰기 교육과 수기 문학에 대해 살펴보면서 1920년대~1980년대를 살았던 어린이들이 쓴 글을 읽게 됐다. 그 시절 어린이의 글쓰기는 그저 학교에서 가르치는 것보다 더 큰 문화적 의미가 있었던 것 같다. 제대로 된 놀이시설이나 게임기, 어떤 때는 읽을 책도 마땅히 없었던 시대의 아동에게 글을 쓰고 그림을 그릴 수 있는 빈 종이는 기막힌 장난감이지 않았을까. 인터넷도, 카카오톡도 없던 시절 일기장은 귀찮은 숙제이긴 해도 선생님과 은밀히 대화할 수 있는 유일한 창구가 아니었을까. 1970~1980년대에는 학생들의 일기를 모아서 낸 '학급문집'이나, 아예 반 아이들끼리 한 일기장을 돌려 쓰는 '학급일기'가 유행했다. 어린이들은 서로의 일상을 공유하는 것, 다른 이의 일기에 출연하는 것을 하나의 놀이로 삼았다. 마치 오늘날 인스타그램이나 틱톡 같은 SNS에 초등학생들이 자신의 일상을 사진과 영상으로 올리는 것처럼 말이다.

아동은 시간과 공간을 뛰어넘는 존재가 아니다. '모든 아이는 천사'이거나 '모든 아이는 악동'이라면 그것은 그 시대의 상황과 기준에 따른 판단일 것이다. 어린이 글방의 가치와 운영 방식도 아이들의 환경에 맞춰 변화해야 한다. '알파세대'라고 불리는 2010년대 이후 출생자들은 문자보다는 이미지와 음성, 영상에 친숙함을 느끼는 세대다. 유아기에 '뽀로로'와 '아기상어'를 TV가 아닌 유튜브로 접하고, AI 음성 인식으로 검색을 한다. 코로나19와 함께 영유아기를 보낸 아이 세 명 중 한 명은 언어발달에 어려움을 겪는다는 조사 결과도 나왔다. 다른 교육 방식을 마련하려면 아이들이 어떻게 다른지 직접 부대껴봐야 한다. 글방을 같이 열어보자고 했을 때 대학원 동료인 보경의 첫 마디는 다행히도 "와, 재밌겠다"였다. 한 주씩 수업을 번갈아서 맡고 매주 써 오는 아이들의 글은 둘이 함께 읽는 것으로 정했다. 아이 한 명 한 명에게 집중할 수 있고, 우리에게도 너무 부담이 되지 않도록 한 반에는 7명 정도의 총 인원을 배정했다.

가장 큰 어려움은 단연 코로나 상황에서 택할 수밖에 없는 비대면 방식이었다. 집에서 수업을 들으려면 아이들은 혼자 있을 수 있는 조용한 방과 디지털 기기가 있어야 했고, 어른들의 도움을 받아 줌(Zoom)으로 접속하고 매주 과제를 이메일로 제출할 수 있어야 했다. 수업 환경이 항상 완벽할 수는 없었다. 아이들은 수업을 듣다가 동생의 습격을 받기도 하고, 등 뒤로 부모님이 슥 지나가기도 했다. 그러면 아이들은 우리보다도 더 당황해서 "나가라고!" 하고 소리를 질렀다. 나중엔 익숙해져서 동생을 무릎에 앉히고 우리와 인사하게 하거나, 아예 가족 여행을 가서 핸드폰으로 접속해 수업을 듣기도 했다. 우리도 곧 적응했다. 처음에는 메일 발신자가 낯선 이름이어서 누가 과제를 낸 건지 헷갈리기 일쑤였지만 아이들과 학부모님들의 이름을 같이 외워버리자 훨씬 나아졌다. 줌 프로필 화면에 아이의 이름이 아닌 학부모님의 이름이 뜨면 알아서 프로필을 바꿨다. 2020년 4월부터 '비대면 개학'과 동시에 원격 수업을 시작한 아이들은 이미 비대면 시스템에 익숙해진 상태였다. 어떨 땐 우리보다도 더 능숙했다. 지루해진 아이들은 수업 중에 채팅을 하거나 프로필의 이름을 '○○이 바보' '치킨먹고시퍼' 따위로 바꿨다. 공유된 친구의 화면에 낙서를 하거나 자기 화면을 공유해 검색창에 '김보경' 같은 것을 치기도 했다. 묻는 말에 왜 대답을 안 하냐고 하면 아까 채팅으로 했는데 샘 못 봤느냐고 묻는다. 아주 멀티가 잘 되는 아이들이다.

웬만한 기능들은 관리자의 권한으로 다 제한할 수 있다는 것을 나중에 알았다. 그러나 그냥 두었다. 제 이름을 바꿔서라도 뭐라도 말하고 싶은 저 욕망을 누른다고 아이들이 가만히 있을 리가 없으니까. 외로운 글쓰기 '숙제'를 마치고 글방에 모여 아이들은 신나게 떠든다. 한 사람이 한 사람을 궁금해하는, 솔직히는 궁금해해야 하는 의도적인 배치 속에서 예상치 못한 관계와 이야기는 탄생한다. 다른 사람이 쓴 글들을 읽고, 또 내 글을 평가받으면서 잘 쓴 글과 못 쓴 글에 대한 감각을 기른다는 점에서 글방은 공부를 하는 곳이다. 어떻게 하면 지치지 않고 공부를 더 즐겁게 할 수 있을지, 우리끼리만 하던 연구를 가지고 우리는 한번 해보기로 했다. 수많은 '글쟁이'들이 글방을 여는 '글방 시대'의 한 귀퉁이에서 말이다.

차례

1

내가 가장 좋아하는 것과 싫어하는 것

우리는 살아가면서 끊임없이 새로운 것들을 보고 듣고 만지게 된다. 그 중 어떤 것은 즐거운 감각을 주고, 어떤 것은 불쾌한 감각을 주기도 한다. 첫 만남에서 어떤 경험을 갖느냐에 따라 다음 만남을 기대할 수도 있고, 슬그머니 피할 수도 있다. 내가 좋아하는 것과 싫어하는 것은 그렇게 만들어진다.

한 편의 글은 대개 '누가' 어떤 행동을 했는지로 시작한다. 글쓰기 수업 역시 주어에 대한 고민과 함께 출발해야 한다. 인간이 '나'로 시작해 '너', '우리'로 뻗어 나가는 존재인지, '너'라는 대상을 먼저 받아들이고 그 안에서 특별한 '나'를 인지하게 되는 존재인지를 따지려면 책 한 권이 필요하다. 걸음글방에서는 나를 관찰하는 글쓰기를 먼저 해보려 한다. 좋아하는 것과 싫어하는 것을 얘기하는 일은 나의 역사를 얘기하는 일이다. 태어날 때부터 자동적으로 좋아하고 싫어하는 것은 생각보다 많지 않다. 서로의 취향이 만들어진 역사를 얘기하면서 우리는 내가 좋아하는 것을 다른 사람은 싫어할 수도 있다는 것을 이해하게 된다. 그런데 참 신기하게도 좋아하는 마음과 싫어하는 마음은 잠시도 가만있지 못하고 꿈틀거린다. 내가 좋아하는 사람이 싫어하는 것을 나도 따라서 싫어한 적이 있는가? 반대로 누군가 내가 좋아하는 것을 함께 좋아하면 그 사람까지 좋아지기도 한다.

바이러스에 전염되는 것은 나쁜 일이지만 그 사이에도 마음이 전염될 수 있다는 것은 다행이다. 코로나 바이러스가 전 세계에서 기세를 부리는 2021년, 소중한 시간들을 버리지 않고 나누기 위해 일곱 명의 아이들과 두 명의 선생님이 모였다. 아직은 어색한 첫 시간, 좋아하는 것과 싫어하는 것에 대해 이야기하며 서로를 알아간다.

내가 좋아하는 것, 싫어하는 것

김세연

나는 5학년 3반 '김세연'이다. 나는 글을 잘 쓰고 싶어서 글쓰기 멘토에 신청했다. 친구들과 서로 알아가는 차원에서 첫 번째 글쓰기 주제가 자기소개가 되었다.

이제부터 그럼 자기소개를 시작하겠다. 내가 좋아하는 것은 노는 것이며 움직이는 걸 싫어해 그중에도 앉아서 할 수 있는 핸드폰 게임을 더 좋아하고 맛있는 것을 먹는 걸 좋아한다. 내가 맛있는 걸 먹을 때 행복함을 느끼기 때문에 먹는 걸 좋아하는 것이다.

나는 대체로 게으른 편이라 움직이는 것과 공부를 싫어한다. 공부는 나의 미래가 정확히 결정되지 않아 어떻게 공부해야 하는지 알지 못해 어렵다. 하지만 엄마가 강압적으로라도 내가 갖고 싶은 직업을 갖고 살며 행복했으면 하셔서 나는 공부를 포기하지 못한다. 이렇게 싫어하는 것까지 모두 써 보았으니 이것으로 나의 자기소개를 끝내도록 하겠다. 이번 자기소개는 다른 글과 다르게 더욱 나에 대해 잘 알아가게 되는 글이었다. 친구들이 이 글을 보고 나를 확실하게 알아줬으면 좋겠다.

- [x] 글을 잘 쓰고 싶어서 글쓰기 수업을 듣게 됐다는 세연이 말이 참 반갑다. 글쓰기를 잘하려면 가만히 앉아 있는 것부터 잘해야 하는데 세연이는 가능성이 있는걸.

내가 좋아하는 것과 싫어하는 것

곽진호

내가 가장 좋아하는 것은 컴퓨터이다. 왜냐하면 컴퓨터는 게임, 숙제, 검색 용도로 쓰이고 무궁무진하기 때문이다. 나는 흥미롭고 무궁무진한, 알 수 없는 어려운 것들을 좋아한다. 그래서 난 컴퓨터를 좋아한다. 컴퓨터도 어렵고 복잡하기 때문이다.

또 나는 레고를 좋아한다. 쉽고 재밌게 놀 수 있기 때문이다. 조립을 하면 쾌감을 느끼고 창작을 하면 뿌듯하다.

내가 가장 싫어하는 것은 바로 (　)이다. 내가 싫어하는 것은 계속 바뀐다. 아직까지 나도 내가 뭘 싫어하는지 모른다.

☑ 무궁무진한 걸 좋아하는 사람은 흔하지 않은데 진호가 좋아하는 것들이 무엇인지 알 듯 말 듯하네. 글쓰기도 컴퓨터로 하는 창작이니까 진호가 글방에도 뿌듯함과 재미를 느꼈으면 좋겠다. 진호의 (　) 안을 레고처럼 오늘은 이걸로 채웠다가 다음번엔 다른 걸로 채워도 재밌겠어.

나는 이런 사람입니다

김선우

먼저 저를 소개하기 전에 제가 좋아하는 것과 싫어하는 것을 정리해보았습니다. 제가 좋아하는 것들은 피아노, 가야금, 플루트, 우쿨렐레, 오카리나, 리코더 등을 연주하는 것이고 수영과 달리기, 자전거 등 운동하는 것도 좋아합니다. 저는 배우는 것은 다 좋아하는 것 같습니다. 그리고 친구들과 만나서 노는 것도 좋아하고 군것질하는 것도 좋아합니다. 제가 좋아하는 과목은 수학, 체육, 영어이고 제 꿈은 우리나라를 대표하는 달리기 선수입니다. 제 취미는 악기연주이고 특기는 운동과 영어말하기입니다. 그리고 도전하는 것을 즐기며 도전에 성공했을 때 가장 행복합니다. 그리고 제가 싫어하는 것들은 혼자 있는 것과 혼자 자는 것, 엄마랑 떨어져 있는 것, 벌레, 김치입니다. 하지만 요즘 등교를 다시 하게 되면서 김치 먹는 노력을 하고 있습니다. 급식 시간이 지옥 같을 때도 있지만 조금씩 노력하고 있습니다. 제가 가장 싫어하는 것 중 베스트는 혼자 있는 것입니다. 혼자 있었던 적이 많이 없지만 가끔 엄마나 아빠가 잠깐 저를 두고 외출하셨을 때 귀신이 나올 것만 같아서 너무 무섭습니다. 이렇게 아직 벌레도 무섭고 혼자 있는 것도 무서워하는 저는 겁 많은 11살 김선우입니다.

- [x] 맨 처음 씩씩하게 자기소개를 해줘서 선생님들의 긴장을 풀어줬던 선우야. 선우의 글은 화면 속의 선우만큼 차분하고 친절하구나. 깜깜한 집에 혼자 있는 것과 갑자기 나타난 벌레는 어른이 되어도 여전히 무서워. 다음번엔 선우가 어떤 도전을 했는지 들려줘.

자기소개

박민서

내가 좋아하는 것은 여러 가지가 있다. 그중 밖에서는 친구와 노는 것을 제일 좋아한다. 나는 특히 예영, 시율이와 가장 많이 놀고 붙어 있다.

집에서는 여러 가지를 좋아하고 하고 싶지만 가장 좋아하고 하고 싶은 것은 웹툰을 보는 것이다. 그중 가장 좋아하는 웹툰은 잉여특공대이다. 이 웹툰은 예영이가 알려줬는데 1화를 보자마자 빠져버렸다. 내가 가장 싫어하는 것은 당연히 '치즈'이다. 만졌을 때 느낌, 냄새, 맛 모두 이상해서 싫다. 그 다음은 버섯이다. 버섯은 그냥 물컹하고 맛이 없어서 싫다.

내가 좋아하면서 짜증나는 사람은 동생이다. 동생은 귀엽지만 말을 아주 안 듣는다. 그래서 조금 짜증나지만 귀여운 모습을 보면 안아주고 싶다.

☑ 종이에 쓰려 했던 생각들이 연필만 잡으면 다 날아가 버린다는 민서의 말이 생각나. 그 와중에 잘 붙잡아서 쓴 것들이니 민서가 두고두고 곱씹은 생각들이겠지? '치즈' 앞에 '당연히'를 붙이는 데서 민서가 얼마나 치즈를 싫어하는지 느껴져. (마침표와 쉼표 뒤에는 띄어쓰기!)

내가 가장 좋아하는 것과 싫어하는 것

김예영

1. 요즘 내가 가장 좋아하는 것?

"잉여특공대 웹툰"

이유: 학교랑 아카데미, 친구들 때문에 생긴 스트레스가 이 웹툰을 보면 날아가는 것 같다. 장르가 판타지인데 재미도 섞여서 보는 재미가 쏠쏠하다. 보면 볼수록 빠져들어 다음 회차가 기대된다. 너무 몰입해서 보면 한순간에 손가락 올림이 끝날 수 있다. 다 보고 맨 밑에 있는 댓글을 보는 것도 재밌다.

2. 요즘 내가 가장 싫어하는 것?

"숙제"

이유: 없음.

☑ 첫 시간에 그림노트와 색연필을 들고 와 우리에게 그동안의 작품들을 슥슥 넘기며 보여주었던 예영. 내가 그리는 걸 좋아하는 사람은 다른 사람이 그린 것을 보는 눈도 역시 남다르구나. 예영의 글은 화면으로 보는 예영만큼이나 솔직하고 재미있네. 선생님도 학교에서 내주는 과제를 꽤 싫어하는데 말이야.

나에 대해서

조율

저는 6명의 가족이 있습니다. 제 가족은 고모, 아빠, 나, 할머니, 할아버지, 엄마가 있습니다. 또 친구 시후, 유린이가 있습니다. 저는 60년 만에 태어난 12월생 백호띠 조율입니다. 저는 수학이 재미있어서 참 좋아합니다. 제가 잘하는 것은 게임, 요리, 먹기, 유튜브 찍기 등이 있고 이외에 좋아하는 것은 게임, 서핑, 그림이 있습니다. 싫어하는 것 중에는 책이 있지만 보려고 노력하고 있습니다.

- [x] 카메라 앞에서 시큰둥한 얼굴로 앉아 있던 율. 누군가가 유튜브 얘기를 하자 눈이 제법 커지면서 나도 유튜브 찍는데, 하던 게 생각나. 어쩌면 너희들은 글보다 소리와 이미지로 남을 알고 자기를 알리는 것에 더 익숙한 사람이겠다. 나의 일상을 누군가가 알기 쉽게 정리하고 편집하다 보면 어느새 내가 좋아하고 싫어하는 것들이 분명해지는 경험을 율이는 분명 해보았을 거야. 글쓰기는 내게 주어진 도구가 글자뿐이고, 읽는 사람의 상상에 맡겨야 하기 때문에 조금 더 어려울 수도 있어. 우리 같이 연습해보자.

내가 좋아하는 것과 싫어하는 것

유시율

내가 좋아하는 것은 친구랑 노는 것입니다. 특히 예영이랑 민서랑 노는 것이 제일 재미있습니다. 우리는 세상에서 가장 친한 친구이기 때문이죠. 아주 가끔은 사소한 일에 싸우기도 하지만 금방 화해하죠. 그리고 친구네 집에서 자고 오는 것이 정말 좋아요. 다른 친구 집에서 자는 것도 좋지만 예영이, 민서 집에서 자는 것이 더 좋습니다. 그런데 민서네 엄마가 일 때문에 늦게 오셔서 갈 수가 없어서 너무 아쉬워요.

내가 싫어하는 것은 매운 음식을 먹는 것입니다. 매운 음식을 먹으면 혀가 고통스러워하고 귀가 찡!!! 울리면서 먹먹해집니다. 학교 급식 시간에 매운 음식이 나오면 한 번이라도 먹어야 통과인데 물을 많이 먹어서 너무 배가 불러요. 그래도 먹으려고 노력 중입니다.

☑ 시율이 좋아하는 것이 그냥 그 자체로 좋은 것이 아니라 매번 다르게 좋은 것들을 만들어내는 친구들이라서 더 멋지다. 누군가와 '우리는 세상에서 가장 친하다'라고 함께 말할 수 있는 경험은 참 소중한 것 같아. 함께 노는 것, 자는 것, 싸우고 나서 화해하는 것까지 상쾌한 마음

을 주니까. 거기에 이제 같이 글 쓰고 얘기하는 것도 포함되겠네, 그렇지?

2

우리 가족의 버릇

좋아하는 것과 싫어하는 것을 통해 나를 탐구했다면 이제는 다른 사람들을 관찰할 차례다. 오랫동안 반복해 몸에 익어버린 행동을 일컫는 버릇은 시간을 두고 찬찬히 관찰하는 글쓰기를 연습하는 데 좋은 소재다. 함께 살며, 매일 얼굴을 보는 가족이지만 가족이 밥을 먹을 때나 일할 때나 이야기할 때, 어떤 버릇을 가지고 있는지 유심히 관찰해본 적은 잘 없다. 익숙할수록 잘 안다고 생각하기 쉽지만, 막상 관찰하면 내가 잘 모르고 있던 가족의 표정이나 말투, 몸짓을 알 수 있다.

우리가 함께 살고 가족이라고 부르는 존재는 사람만이 아닐 것이다. 집에서 함께 사는 강아지나 고양이, 어쩌면 쑥쑥 자라고 있는 식물까지도 가족이라 부를 수도 있겠다. 나는 누구와 함께 살고 어떻게 일상을 보내고 있을까? 내가 함께 사는 가족들은 저마다 어떤 성격을 지니고 있고 어떤 버릇을 가지고 있을까?

이런 질문을 던지며 곰곰이 생각하기 시작하면 가족들의 버릇에서 나와 꼭 닮은 면을 발견할 수도 있고, 내가 정말 이해하지 못하는 면을 발견할 수도 있다. 가장 가까이서 나를 사랑하고 응원해주고 가끔은 다투기도 하는 가족들을 관찰해보며 더 알아가는 일은 결국 나에 대해 더 알아가게 되는 일이기도 할 것이다.

가족에 대한 글쓰기는 중요하지만, 때때로 조심스럽게 다뤄야 하는 주제이기도 하다. 가족을 묘사하는 많은 어린이들은 은연중에 자신의 가족을 정답거나 사랑스럽게 그리려고 노력한다. 물론 정은 가족을 구성하고 유지하는 중요한 요소다. 그러나 역사적으로 가족과 정이 연결된 것은 그리 오래되지 않았다. 프랑스의 중세 역사학자 필립 아리에스에 따르면, 지금보다 사회적 공동체의 크기가 더 작고 서로 친밀했을 때 가족이란 상부상조를 통한 재산의 보호나 서로의 생명 보호를 위해서 존재하는 것이었지, 이웃보다 더 특별한 '정'이 크게 요구되지는 않았다. 그러다 주변의 이웃을 다 알 수 없을 정도로 사회가 커지고, 반대로 가족의 크기는 작아지면서 가족은 사회와 대립되는 개인의 사생활의 영역으로서 가치를 갖게 된다. 집과 가족은 안락하고 편안한 대상이 된다.* 근대에 와서 정립된 가족의 이상적인 모습을 어린이는 학교와 동화, 만화, 광고 등을 통해 무수히 접한다. 이것을 배우는 것은 중요하지만, 현실과 괴리된 글쓰기 때문에 어린이가 혼란을 느끼지 않도록 해야 한다. 가령 형제자매와 갈등을 겪거나 부모님의 불화를 목격한 뒤의 불안한 마음을 잘 털어놓고 그것이 우리 가족의 결정적인 '잘못'이라고 인지하지 않는 것은 그들을 얼마나 사랑하는지 묘사하는 것만큼 중요하다. 물론 이러한 내용의 글이라면 글방 친구들과의 공유는 아이의 의사를 반영해서 결정해야 한다.

* 필립 아리에스, 『아동의 탄생』, 문지영 옮김, 새물결, 2003, 629~638쪽.

우리 가족의 습관

박민서

우리 가족의 습관을 관찰해야 하지만 어려워서 인터뷰로 가족들의 습관을 알아냈다. 먼저 여동생 민주의 습관은 이불 모서리 빨기, 집중하기가 있다. 민주는 이불 모서리를 빨고 해서 비염이 생긴 것 같다. 그리고 집중할 땐 귀엽고 웃기다. 남동생 민찬이는 누나들의 행동을 따라 하고 웬만하면 항상 웃고 있다. 민찬이는 거의 모든 부탁을 들어주고 너무 귀엽다. 나의 습관은 집에선 민찬이에게 "귀엽다"고 하기이다. 아빠는 빼고 안아주기, "나는 너가 좋아"라고 말하기, 밖에선 시율이와 예영이한테 "너 좋아"라고 했다가 "너 싫어, 나빠"라고 하며 장난친다. 할머니의 습관은 없다고 하시지만 적어도 한 가지쯤은 할머니가 모르는 습관이 있을 거라고 생각하고 있다. 아빠는 쉴 때마다 웹툰을 보고 나한테 장난도 많이 치신다. 장난을 칠 땐 좀 많이 귀찮다. 이게 습관인지는 잘 모르겠다. 엄마는 유튜브를 틀어 놓고 집안일을 한다. 엄마는 지승연의 탐구생활과 디바제시카의 토요 미스테리를 좋아한다고 한다.

☑ 민서의 글에는 동생에 대한 애정이 듬뿍 느껴져서 좋아. 민서를 포함

해서 가족들 한 명 한 명의 버릇을 잘 관찰했네. 민주의 이불 모서리 빨기 습관이나 민찬이가 누나들의 행동을 따라 하는 습관은 머릿속에 선명히 그려지는 것 같아서 재미있어. 민서가 민서의 할머니를 시간 들여 관찰해보면 할머니의 습관도 알아낼 수 있지 않을까?

우리 가족의 버릇

유시율

내 방 정리가 되어 있지 않거나 더럽혀져 있으면 다른 일에 집중이 안 되고 정신이 사나워 다른 일을 할 수가 없습니다. 그래서 곳곳을 원래대로 깨끗이 정리하는 버릇이 있습니다. 항상 깨끗이 청소하는 것은 아니지만 내 물건이 있던 자리에 놓여 있는 것이 좋습니다. 그래야 마음이 편해서 공부도 더 잘 되는 것 같거든요. 가끔 이런 내 모습에 엄마가 답답해하시기도 하지만 쉽게 고쳐지지 않는 버릇이기도 합니다. 한편으론 좋은 버릇이기도 하니까 굳이 고치고 싶진 않아요. 그리고 급한 일이 있거나 몸이 피곤하면 가끔 이러한 버릇을 까먹을 때도 있어요. 좋기도 하고 어쩔 때는 방해가 되기도 하는 나의 버릇입니다.

내 동생의 버릇은 집에서나 밖에서나 항상 까치발을 하는 버릇이 있습니다. 더 어렸을 때부터 그런 버릇이 있었는데 지금도 까치발을 하고 다녀요. 어렸을 때는 다른 친구들도 해서 잠시 그런가 보다라고 생각했는데 지금까지도 하고 다녀요. 엄마가 하지 말라고 계속 얘기를 하는데도 습관 때문인지 자기도 모르게 하나 봐요. 하지만 크게 문제가 되는 버릇은 아니라서 다행이라고 생각합니다.

- [x] 시율이 글은 참 차분해서 시율이를 닮았다는 생각이 든다. 까치발 하는 버릇이라니, 재미있는 버릇을 관찰했네! 왜 이런 버릇이 생겼을지 생각해보거나 동생한테 물어봐도 좋지 않을까? 그러면 뭔가 재미있는 이야기가 만들어질 수 있을 것 같아.

우리 가족 습관

김예영

아빠-지저분한 것들 정리하기

엄마-어떤 행동을 할 때 시간을 같이 얘기한다(예: 1시다 밥 먹자!!)

예영-억울하거나 설명을 해야 될 때 "그게 아니고~"라고 말한다

첫째 동생-무서울 때 얼굴을 가린다

둘째 동생-잠잘 때 어딘가에 기대고 잔다

☑ 예영이는 엄마나 예영이에게서는 말투에서 느껴지는 습관을, 아빠나 동생들에게서는 행동에서 느껴지는 습관을 찾아냈구나. 말과 행동 모두에서 누군가의 습관이 드러나는 것이 참 신기하지? 예영이 글을 읽으니, 마치 "그게 아니고~"라고 말하는 예영이의 목소리가 선생님 귀에도 들리는 것 같다.

우리 가족의 버릇

김세연

이번에 멘토 글쓰기 주제는 선생님이 가족을 잘 살펴보라고 가족의 버릇에 관해 주제를 주셨다. 버릇은 무의식중에 하는 행동이나 말투, 생각이다. 이 버릇엔 정신적인 것과 육체적인 것이 있다. 이번 글쓰기에서 우리 가족의 정신적인 버릇과 육체적인 버릇을 알 수 있을 것 같다.

우리 가족은 늦게 잔다. 그래서 야식이 계속 생각나고 먹게 된다. 정신적 버릇인 야식은 살이 쪄 좋지 않지만, 가족과의 대화가 많아져 화기애애한 분위기가 되기 때문에 끊기 어렵다. 엄마는 손을 꽉 쥐며 장난친다. 그래서 조금 아프지만 이럴 때 엄마에게 사랑한다는 것을 느낀다. 왜냐하면 장난은 보통 사랑하는 사람에게 하기 때문이다. 우리 가족은 대체로 청결하다. 하지만 나는 잘 씻지 않는 버릇이 있다. 그래서 가끔은 깨끗한 동생을 본받아야겠다는 생각이 든다.

이렇게 1주일 동안 열심히 가족의 버릇을 찾아보았는데 평소에 관심을 두지 않아 몰라서 앞으로는 가족에게 더 관심을 가져야겠다고 생각했다. 왜냐하면 가족에 무관심한 것은 가족과 단순히 나빠지는 것이 아닌 가족과 연을 끊겠다는 것이라고 생각하기 때문이다.

- [x] 숙제를 내주면 숙제에 대해 깊이 고민해보는 똑똑한 세연이. 세연이가 쓴 엄마의 버릇이 무지 감동이야. 장난은 사랑하는 사람에게 하기 마련이라니! 이런 문장을 쓸 수 있는 건 세연이가 세심한 관찰력과 따뜻한 마음씨 모두 갖춘 사람이라 그럴 거야.

우리 가족의 버릇

곽진호

내 동생은 나한테 화날 때 맨날 째려본다. 그래서 나도 짜증나게 한다. 왜냐하면 내가 잘못 안 하고 오해해서 그럴 때가 있기에 나도 짜증나서 싸우게 될 때가 있다. 그래서 째려보지 않았으면 좋겠다. 나는 우리 가족이 말할 때 제때 대답을 못한다. 어.. 내가 생각이 좀 많아서 그렇기도 하다. 엄마는 잘 모르겠다???? 아빠는 장난을 많이 치신다. 농담도 많이 한다. 또 밥 먹고 엄마가 앉아 있으라 해도 누워 있는다. 어.. 더 이상은 모르겠어서 그냥 끝~??????

5월 7일에 씀

- 진호가 최근 동생이랑 다툴 때가 많은가 보다. 선생님도 언니랑 말로 잘 풀면 될 것을, 괜히 말없이 기분 나쁜 티만 냈다가 오히려 싸움으로 번졌던 적이 있어. 자기가 하고 싶은 말을 바로바로 할 수 있으면 좋겠지만, 누구나 그렇지 못할 때가 있는 것 같아. 그럴 때는 상대방한테 조금만 기다려달라고 해보고, 차분히 생각해본 뒤에 그 생각을 전달해보면 어떨까? 그러면 진호의 속 깊은 마음이 잘 전달될 거라고 생각해.

우리 가족의 비밀

김선우

우리 가족은 엄마 아빠 그리고 저 이렇게 세 식구입니다. 우리 가족은 할머니 할아버지 건물 2층 202호에 살고 있지요. 가까이 살고 있는 가족은 모두 아홉 명입니다. 할아버지 할머니 외삼촌 외숙모 큰오빠 작은오빠 그리고 우리 가족 세 명입니다.

오늘 주제가 가족의 버릇인데 주제를 보고 처음에는 생각만으로 신이 났지만 막상 연필을 들고 쓰려고 보니 어렵다는 생각이 들었다. 가족의 버릇을 쓰기 전에 가족에게 허락을 받아야 할까?라는 의문이 생겼지만 나는 그냥 조용히 내 공책에 쓰기로 결정했다.

첫 번째로 우리 할아버지는 한 쪽 귀에 보청기를 하시는데 자주 깜빡 하시고 보청기를 끼지 않고 상대방의 말을 놓치실 때가 있다. 그럴 때 여러 번 물어보시는 버릇이 있다. 하지만 할아버지는 우리 집 대장으로서 든든하게 우리를 지켜주신다. 두 번째 우리 할머니는 뒷 베란다에서 음식을 끓이시다가 방에 들어가서 미스터 트롯 재방송을 보시는 버릇이 있다. 여러 번 그릇이 타기도 했지만 우리 가족을 위해 항상 맛있는 음식을 많이 해주셔서 좋다. 세 번째 우리 외삼촌은 양말을 벗으면 꼭 냄새를 맡아보는 버릇이 있다. 숙모가 기절할 정도로 싫어하지만 그래도 두 분은 많이 사랑하시는 것 같다. 네 번째 우리 숙모는 안경 찾는 버릇이 있다. 하지만 나는 잘 찾으신다. 나를 가장 많이 예뻐해주신다. 다섯 번째 우리 아빠는 매일매일 운동하는 버릇이 있다. 그래서 힘이 세고 나를 번쩍번쩍 안아주신다. 여섯 번째 우리 엄마는 시간만 나면 빨래를 하는 버릇이 있다. 그래서 우리는 항상 청결한 옷을 입을 수 있어서 좋다. 오빠들 둘은 예민한 시기라 패스~~ 마지막으로 나의 버릇은 공부하다가 밖에서 소리가 나면 뛰쳐나오는 버릇이 있다. 집중 못 한다고 혼날 때도 많지만 궁금한 건 못 참겠다. 그래도 이런 내가 나는 좋다.

☑ 선우는 누군가를 관찰할 때 그 사람의 다양한 면을 보려고 하는 멋진 습관을 가지고 있네. 할아버지께서 귀가 안 좋으셔서 가끔 다른 사람의 말을 놓쳐도 선우 집을 지켜주시는 든든한 대장이라거나, 할머니께서 가끔 그릇을 태우셔도 선우 가족을 위해 맛있는 음식을 해주신다는 표현을 읽으며, 가족들의 안 좋은 습관뿐만 아니라 장점과 멋진 면을 발견하려는 선우에게 감탄했어. 그래서인지 선우 글에서 선우 가족들의 멋진 면이 더욱 두드러지네. 선생님도 이런 선우가 좋다!

우리 가족 버릇

조율

첫째, 우리 엄마의 버릇은 짜증내는 것보다는 친절할 때가 더 많지만 엄마의 버릇이 마땅히 없어서 그것으로 했다.

둘째, 아빠는 틈만 나면 담배를 핀다. 몸에 안 좋은 걸 알면서도 핀다.

셋째, 할머니의 버릇은 잔소리를 많이 하시는 것이다. 내가 말을 잘 안 듣는 것도 맞지만 잔소리를 많이 하신다.

넷째, 할아버지의 버릇은 커피이다. 항상 출근하실 때 커피를 뽑아 드신다.

다섯 번째, 마지막 고모의 버릇은 다리 떨기이다. 다리를 떨면 혈액순환이 잘 되어 크게 나쁘지는 않다.

여기까지 우리 가족의 버릇이었다.

☑ 율이 글을 읽으니 친절한 것도 버릇이라고 말할 수는 없을지 궁금해지네. 율이 엄마가 친절하실 때 주로 어떤 말이나 행동을 하시는지 생각해보면 어때? 또 선생님은 이 글에서 율이가 가족들의 몸에 좋거나 좋지 않은 버릇을 발견한 점이 재미있었어. 몸에 좋지 않은 버릇인데도 그것을 계속 하는 이유가 궁금하지 않니? 율이가 답을 알게 되면 선생님한테 꼭 알려줘!

3

딱 하루만 일을 할 수 있다면

“우리는 커서 어떤 일을 하는 사람이 될까요? 좋아하는 일을 하는 사람이 될까요, 하루 일을 마무리하고 난 뒤 찾아오는 휴식을 더 좋아하려나요.” 아이들에게 물으면 대부분은 힘들어도 ‘돈을 많이 버는’ 일을 해서 편히 쉬면 좋겠다고 말한다. 마음껏 놀 수 있는 시간이 ‘돈’에 달려 있고, 돈은 노동 시간에서 나온다는 것을 아이들은 안다. “왜 일은 어른들만 해야 해요?” 묻는 어린이도 있다. 부모님을 보면 일은 퍽 힘든 것 같다가도, 내가 번 돈으로 맛있는 것도 사 먹고 핸드폰도 바꿀 수 있으니 좋은 것 같기도 하다. 일이 “무엇을 이루거나 적절한 대가를 받기 위하여 어떤 장소에서 일정한 시간 동안 몸을 움직이거나 머리를 쓰는 활동”*이라면, 꿈을 이루기 위한 우리의 공부는 일이 아닐까? 글방 숙제야말로 머리를 지끈지끈하게 쓰는 활동인데.

나는 설명한다. “대한민국 법에서는 만 18세가 되지 않으면(중학교에 다니지 않을 경우 만 15세가 되지 않으면) 돈을 받고 일할 수 없어요. 물론 지금도 세계 다른 나라에선 1억 6천만 명의 어린이가 돈을 벌기 위해 공장에 가거나 논밭에서 일을 하고 있어요.** 11살 어린이가 맨손으로 망치와 톱

* 표준국어대사전

** 국제노동기구(ILO)와 국제연합아동기구(UNICEF)의 보고서 ‘아동노동: 2020년 글로벌 추계, 동향과 나아갈 길’(2020)

을 들고 건설 현장에 나와 있기도 해요."

분위기가 영 어두워져서 덧붙인다. "한국에서도 어린이가 예술활동이나 공연을 할 때는 예외적으로 일을 한다고 봐요. 글방 친구들도 글을 잘 써서 어른이 되기 전에 작가로 데뷔하면 수익이 생기고 세금을 내게 될 수도 있겠지요." 그럴 일이 곧 닥칠 것 같지는 않으니 일하는 우리의 모습을 그리기 위해 만 18세 이상이 되었을 때를 잠깐 상상해본다. 그대로 되지 않아도 괜찮다고, 전혀 다른 직업을 갖고 있을 수 있다고 나는 조금 힘을 주어 강조한다. 우리의 꿈은 한곳에 머무르지 않으니까.

일하는 내 모습 상상하기

김선우

나는 지금 24살! 대학에서 영어를 전공하고 우수한 성적으로 졸업하여 삼성물산에 취직했다. 나는 외국을 다니면서 중요한 일을 한다. 영어로 모든 일을 처리하고 출장을 자주 다니면서 틈틈이 외국 여행도 한다. (사실 나의 꿈은 달리기 선수이지만 일하는 내 모습을 상상하다 보니까 내 꿈이랑 내가 하고 싶은 일이 다를 것만 같았다. 하지만 나는 외국에서 일을 하면서 주말에는 마라톤 대회 같은 행사에 참가할 것이고, 피아노나 가야금 개인 연주회도 열 것이다.)

일하는 내 모습이 사실은 상상이 잘 안 된다. 우리나라에 어떤 회사가 있는지도 잘 몰라서 아빠가 다니는 삼성물산을 적긴 했지만 여기까지 쓰는 동안 머리가 복잡해졌다. 그렇지만 내가 정말 단 하루만 일을 할 수 있다면 내 생각엔 오전에는 영어로 회사일을 처리하고 오후에는 달리기 국가 대표로 출전해서 우승을 하고 저녁에는 개인 연주회를 열어서 여러 사람들에게 감동을 주고 싶다.

☑ 맞아. 상상글을 쓰다 보면 글 속에 있는 '나'와 글을 쓰고 있는 '나'가 종종 부딪히지? 글 속의 '나'가 하고 있는 것들을 현실의 '나'가 과연 할

수 있을까, 자꾸 묻게 되니 말이야. 차라리 전혀 모르는 인물을 만들어서 쓰는 게 더 쉬운 것 같기도 해. 어쩌면 우리는 그래서 글을 쓰는 건지도 몰라. 현실의 '나'로만 살아가기엔 너무 아쉽잖아. 일도, 여행도, 꿈도 멋지게 해내는 '나'도 한 명쯤 있어줘야지.

싱어송라이터

유시율

나는 싱어송라이터가 되고 싶습니다. 왜냐하면 내가 작곡한 노래를 불러보고 싶고 노래도 잘 부르고 싶기 때문입니다. 제가 처음에는 노래에 관심이 전혀 없었는데 친구가 추천한 노래를 들어보니 너~~~무 좋아서 계속 찾고 듣다 보니 자연스럽게 관심이 생겼습니다. 그중에서도 나는 아이유가 너무 좋아요. 아이유는 작곡도 직접 하고 노래도 잘 부르는 싱어송라이터입니다. 그래서 아이유는 나의 롤모델이에요. 나도 아이유처럼 멋진 싱어송라이터가 되고 싶어요. 미래에는 노래 연습도 열심히 하고!!!!! 머리를 쥐어짜내서라도 멋진, 진짜!! 멋진 노래 가사를 만들고 있을 것입니다!

☑ 좋아하는 것들을 일로 하는 삶은 어떨까. '내'가 좋아하는 일이니 다른 사람은 이해 못할 수도 있고, 머리를 쥐어짜내는 고통도 있겠지만 그걸 잊을 만큼 행복한 하루들도 많겠지? 내가 무엇을 좋아하는지 알고, 그것을 꼭 해야겠다고 마음먹는 데에서 멋진 사람들은 탄생하는 것 같아.

내가 일하는 모습

조율

내 꿈은 가수이다. 가수가 되어 일을 하는 모습을 상상해서 써 보겠다. 엄청나게 유명하고 멋있는 심사위원이 심사를 할 때, 나는 수많은 카메라와 마이크 속에서 노래를 한다. 뒤에 기타리스트, 드러머가 연주를 한다. 내가 노래할 때, 실수를 엄청 하지만 심사위원들은 방송용 멘트인지 좋다는 말밖에 하지 않는다. 주황색, 노란색, 하얀색 조명들이 비추는 무대 위는 항상 무서운 장소이다.

☑ 상상글이 조금 어려웠는지 다른 친구들은 어른이 되어 가질 직업에 대한 희망이나 계획을 미래형으로 썼는데 율은 현재형으로 썼구나. 아마도 <복면가왕>이나 <히든 싱어> 같은 경연 프로그램이겠지? 무대 위에서 연주가 울리고 조명이 퍼지는 장면들이 꼭 만화의 한 컷처럼 이미지로 남네.

나의 미래

김세연

이번 주제는 '하루만 일을 할 수 있다면 무슨 직업을 갖고 무슨 일을 할 것인가'인데 처음에 주제를 듣고 조금 식상했다. 왜냐하면 1년에 한 번은 꼭 학교에서 글쓰기 숙제로 나오는 주제였기 때문이다. 하지만 이번엔 다른 때와 달리 글방을 하고 있으니 더 구체적으로 써보기로 마음먹었다.

내가 일을 한다면 웹툰작가가 되고 싶다. 웹툰을 보면 글과 그림이 모두 멋져 보이고 가슴이 웅장해지기 때문이다. 나는 드라마 원작 웹툰을 보면서 웹툰에 관심이 생기기 시작했다. 내가 좋아하는 웹툰작가가 되기 위해 그림 연습을 하러 방과후 웹툰 교실에도 신청했다. 웹툰은 글로도 호불호가 갈리지만 그림으로도 호불호가 갈리기 때문이다. 얘기했다시피 웹툰은 글로도 호불호가 갈려서 글을 개연성 있게 쓰고 싶어서 글방에도 신청했었다. 이렇게 웹툰작가가 되기 위해 노력하는 내가 정말로 된다면?

···

난 액션, 판타지, 그리고 로맨스 어느 것 하나 빠짐없는 웹툰 작가라 낮에는 인터뷰와 방송에 나가느라 바쁘고 저녁엔 작업실에서 일하느라 바쁘다. 돈을 매우 많이 벌어들여(하루에 1억 원

이상) 강남에 집이 있다. 신림동 가장 근처엔 작업실이 있다. 언제든 부모님을 보러 갈 수 있어서 좋다.

• • •

이렇게 부족할 것 없이 낮엔 방송인, 저녁엔 글과 그림에 충실히 하는 웹툰작가라는 설정을 잡고 디테일하게 상상해보았다. 이 웹툰작가란 것이 내가 쓰면서 미화됐지만 실제로는 아무리 돈을 잘 번다고 해도 보통 힘든 직업이 아니다. 왜냐하면 내가 좋아하는 일을 할 수 있어 좋지만 외출도 적고, 서로 생각이 다르다고 선플과 악플이 달릴 수도 있어 정신적으로 힘들기 때문이다.

요즘 이 웹툰 그리는 것이 너무나 힘들어 취미로만 할까 생각 중이었는데 이번 글쓰기가 웹툰을 다시 열심히 그리는 데 결심이 선 계기가 되었다. 그리고 글 쓰는 데에도 큰 도움이 되었다. 앞으로도 글을 쓸 때 이렇게 설정을 다잡은 뒤 써야겠다.

☑ 앗, 샘이 학교 글쓰기 숙제의 반복되는 지루함을 고려하지 못했구나. 작가라면 모름지기 식상한 이야기를 필사적으로 피해야 하는데 말이야. 어른들이 자꾸 물어봐서 꿈 이야기가 글방 친구들에게는 재미없겠지만, 반대로 샘은 창작자가 되고 싶은 친구들이 이렇게 많을 줄 몰랐네. 내가 받은 재미만큼 누군가에게 나도 주고 싶다는 마음이 모두에게 있나 봐.

웹툰 작가

김예영

제 꿈은 웹툰작가입니다. 왜냐면 웹툰으로 사람들에게 재미를 주고, 행복을 줄 것이기 때문입니다. 제가 웹툰작가가 되면 예쁘게 봐주세요. (나는 웹툰작가가 되어 사람들에게 행복과 웃음, 그리고 꿈까지 찾아주는 그런 참 맑고 예쁜 웹툰을 쓸 것이고, 웹툰 말고 만화책으로도 팔 것이다. 나는 내 꿈을 꼭 이룰 것이다!)

☑ 첫 수업 자기소개 때 그림 노트를 들고 와 우리에게 보여줬던 예영이 생각난다. 색연필을 하나씩 보여주는 그 모습에서 도구를 다루는 전문가의 포스를 느낄 수 있었는데 말야. 내가 가진 능력을 알고, 그것이 시간이 흐르면 더 커질 것을 의심하지 않는 사람들은 꿈을 꼭 이루는 것 같아. 그렇게 스스로 찾은 재미와 행복을 다른 사람들에게도 나누고 싶다는 마음은 너무 당연한 거라서 괄호 안에 넣은 걸까.

하루 동안 내가 일을 한다면

박민서

나의 꿈은 사육사이다. 만약 미래의 내가 사육사가 된다면 어떤 한 동물원에서 귀여운 새끼 동물도 돌보고 여러 동물의 우리도 청소하고 동물을 씻고 있을 것이다. 그러면서 순한 동물, 사나운 동물을 모두 보고 돌봐줄 것이다. 나는 무서운 동물의 새끼들 중 호랑이를 가장 보고 싶다. 순한 동물은 지금 딱히 생각나지 않는다. 하지만 거의 모든 새끼 동물들은 귀엽기 때문에 모두 봐주고 싶다. 아예 그냥 새끼 동물뿐 아니라 모든 어른 동물과 새끼 동물을 함께 보고 싶다. 새끼 호랑이를 보고 싶은 이유는 너무너무 귀엽고, 또 커지면 멋진 어른이 되기 때문이다. 순한 동물이 생각나서 적는데, 순한 동물 중 가장 보고 싶은 동물은 판다이다. 요즘 판다 푸바오가 너무 귀여웠기 때문이다.

☑ '보다'라는 동사를 민서는 '눈으로 대상을 즐기거나 감상하다'가 아니라 '맡아서 보살피거나 지키다'라는 뜻으로 썼네. 동물원은 두 가지 행동이 다 일어나는 곳이지. 관객은 철창 안의 동물들을 멀리서 몇 초 정도 보고 신기해하지만, 사육사는 내가 맡은 동물을 보살피며 오래도록 그 성장을 함께하는 사람이지. 민서의 글을 읽고 선생님은 생각해

봐. 인간은 동물을 눈으로 '보는(see)' 사람이어야 할까, 맡아서 '보는(care)' 사람이어야 할까. 사람의 손에 삶과 죽음, 기쁨, 슬픔이 다 달려 있을 수밖에 없는 동물들을 보호해야겠다는 마음은 동물이 꼭 아기여서, 귀여워서 생기는 것만은 아닐지 몰라.

일하는 내 모습 상상하기!

곽진호

나는 유튜버가 돼서 영상을 찍고 싶다. 나는 게임이 좋아서 게임 유튜브를 찍고 싶다. 내가 한다면 좀 더 재밌고 잘할 수 있지 않을까라는 생각도 한다. 나는 또 다른 일을 하고 싶다. 나는 컴퓨터 프로그래머가 돼서 흠, 게임을 만들고 싶다. 만들기는 힘들겠지만 왠지 재밌을 것 같다. 왜냐하면 뿌듯할 것 같고 또 '내가 만든 게임을 내가 하면 어떨까?'라는 궁금증도 생기기 때문이다. 재밌는 일이 있다면 또 쓰고 싶지만 생각이 안 난다. 아 맞다, 또 나는 별을 하루종일 관찰하고 싶다. 별과 우주는 신비로우니까. 아마도 0.000000001%(?)의 확률로 별이 죽는 것을 볼 수도 있기 때문에. 또 나는 글을 쓰고 싶다. 나는 책 읽기와 글쓰기를 좋아하니까 글을 내 입장에서 쓰는 것도 나쁘진 않을 듯하다. 이제 진짜, 진짜로 더 생각나는 게 없어서 그냥 끝.

5/14에 씀.

누가? 내가

☑ 문장을 끝맺을 때마다 하고 싶은 게 줄줄이 새어 나오는 진호의 글을 읽고 있으면, 자판에 손을 올려놓고 목을 가다듬고 있는 우리의 모습이

꼭 망원경을 들고 별의 죽음을 관찰하기를 기다리는 모습과도 겹쳐 보이네.

4

나는 친구들과 상어게임을 했다

어렸을 때부터 나는 놀이를 만드는 것을 좋아했다. 이미 있는 놀이를 하는 것이 아니라, 놀이를 직접 만들고 싶어 했다. 맏이의 역할이었는지도 모르겠다. 동생이나 사촌들과 놀 때, 시공간을 설정하고 각자의 배역을 지정하는 것은 항상 나였다. 그러다 보면 내가 만든 세계관에 너무 몰두해버려서 동생들이 놀고 있을 때 혼자 방에 들어가 지도나 신문 따위를 만들어 우리가 공유하는 장소와 시간을 이해시키려 했다. 물론 문건을 다 만들어서 나올 때쯤이면 놀이에 시들해진 아이들은 다른 놀이를 하자고 했지만, 다음에 또 그 놀이를 할 때 읽어서 기억을 불러오면 그만이었다.

글방 어린이들도 글방에서 있는 시간을 놀이로 여기면 좋겠다고 생각한다. 글 읽는 순서를 정할 때 우리는 생일이 느린 순, 할머니의 출생연도가 빠른 순, 지금 살고 있는 아파트 층수가 빠른 순 등 매주 기준을 다르게 한다. 글을 읽을 때 시율이 새침한 어린애처럼 목소리를 꾸미거나, 세연이가 냉철한 수사반장이라도 된 듯 제 글을 읽으면, 아이들은 야유를 하거나 킥킥거린다. 수업이 끝나고 줌을 퇴장할 때 선우와 시율이는 가장 늦게 나가는 사람이 되고 싶어 눈치싸움을 한다. 작은 순간들도 놀이를 위한 막간으로 바꾸고 싶은 저 욕망들을 보면 장난이나 훼방이 아니라 얼마 전까지 나도 속해 있었던 집단의 한 가지 능력인 것 같다. 하루 중에 여러 가지 놀이를 하며 휴식을 취하고 재미를 느끼는 쉬는 시간의 중요성은 더 말할 것도 없다. 어린이는 친구들과 쉬는 시간에 잠깐 장난을 치기도 하고, 혼자서 핸드폰 게임이나 컴퓨터 게임에 열중하기도 한다. 학교를 마치면 집 앞이나 동네 운동장에서 가족들과 배드민턴을 즐기기도 하고, 놀이터나 학교 운동장에서 여러 친구들과 함께 팀을 짜서 놀기도 한다.

새로운 친구가 찾아와 함께 놀자고 제안하는 장면을 상상해보자고 한다. 이 친구에게 게임이나 스포츠의 규칙을 어떻게 설명해볼 수 있을까? 설명하기가 어려워 말문이 막히면 친구에게 이렇게 말하기도 한다. 일단 먼저 해보면 알 수 있다고.

그렇게 일상에서 벗어나 새로운 규칙이 적용되는 세계가 만들어진다. 게임이나 스포츠를 할 때만큼은 다른 걱정은 잊을 수 있다. 때로는 친구와 협력하거나 친구를 도와야 하고, 때로는 경쟁해야 하는 상황도 찾아온다. 서로 경쟁하게 되더라도 게임이 끝나면 이렇게 말하곤 한다. 서로 잘 싸웠고, 재미있었다고. 이번 글방 수업에서는 이 매력적인 게임과 스포츠의 세계에 대한 글을 써보기로 했다.

상어 게임

유시율

나는 친구들과 상어 게임을 했다. 상어 게임은 내가 직접 만든 게임이다. 내가 만들었지만 정말 재미있다. 상어 게임은 최대 2명 이상이면 할 수 있는 게임이다. 하지만 2~3명이면 게임을 할 수는 있지만 너무 빨리 게임이 끝나기 때문에 4명 정도를 추천한다. 먼저 가위바위보를 해서 술래인 상어 도망자인 인간을 뽑는다. 그리고 바닥의 모양에 상관없이 인간의 땅을 그린다. 인간의 수가 적으면 작게 많으면 크게 그린다. 꼭 그리지 않고 매트 같은 것으로 해도 된다. 사람 수가 적으면 매트를 접고 사람 수가 많으면 피면 된다. 게임을 시작할 때 꼬리를 만들어야 한다. 꼬리는 상어 인간 모두 해야 한다. 꼬리는 손수건 줄 같은 것으로 해서 바지 속에다 조금만 넣으면 된다. 이 게임에는 스토리가 있는데 사람들이 배를 타고 가다가 폭풍을 만나서 배가 부서져 조각난 배에 겨우 서 있는데 상어 무리가 갑자기 와서 요리조리 피해 도망을 다닌다. 하지만 인간은 부서진 배 안에서만 움직일 수 있다. 상어는 인간 꼬리를 잡아 빼서 아웃시키고 인간은 상어 꼬리를 빼면 이긴다. 만약 부서진 배 조각에서 떨어지면 상어가 되고 꼬리를 뺏겨도 상어가 된다. 인간이 상어 꼬리를 빼앗았을 경우 바로 인간 승리이다. 하지만 상어는 인간의 꼬리를 다

빼야 승리한다.

☑ 시율이가 직접 만든 게임이라니, 정말 재미있게 설명을 해줘서 선생님도 하고 싶어진다. 상어 게임을 처음 들어본 사람도 게임을 잘 이해할 수 있게 친절하게 설명한 글이야. 규칙을 완벽하게 써주었으니, 이 게임을 할 때 시율이가 느끼는 감정이나 생각이 더 궁금해지기도 하네!

내가 좋아하는 게임이나 스포츠

김예영

내가 좋아하는 게임이나 스포츠는 "마피아"이다. 모두들 알다시피 마피아는 4명 이상의 사람들이 하는 게임이다. 룰은 6명의 사람들 중에서 한 명이 사회자를 하고 나머지 사람들은 모두 엎드린다. 사회자와 마피아, 경찰, 의사, 시민 2명 이렇게 있다. 그리고 자기 소개를 할 땐 밝혀도 되고, 밝히지 않고 거짓말로 해도 된다. 그리고 밤이 되면 또 다시 엎드린다. 마피아의 이름을 말하면 마피아가 일어서서 사회자한테 누굴 죽일지 선택한다. 경찰이 일어서고 마피아가 엎드린다. 경찰은 누굴 조사할지 사회자한테 말한다. 경찰이 엎드리고 의사가 일어난다. 의사는 누굴 살릴지 선택한다. 자기를 살려도 된다. 이제 모두 일어선다. 의사가 누굴 살릴지, 경찰이 누굴 조사할지는 의사와 경찰의 손에 달렸다. 다음은 의사가 시민을 살렸을지, 마피아를 살렸을지, 경찰이 시민을 조사했는지 마피아를 조사했을지는 상상에 맡기겠다. 여러분의 상상에 따라 마피아의 승리일지 시민의 승리일지는 난 모른다. 지금까지 내가 좋아하는 게임이나 스포츠를 소개해보았다.

- [x] 예영이가 마피아 게임 규칙을 자세히 설명해줘서 선생님도 같이 하고 싶어졌어. 선생님도 마피아 게임 좋아하거든! 예영이가 마치 사회자가 된 것처럼 독자들을 "여러분"이라고 부르고 있어서 읽는 데 더욱 몰입이 된 게 아닐까 싶다.

내가 관심이 있는 스포츠, 게임

김세연

관심은 지속적으로 그것에 이끌려 주의를 기울이는 것이다. 내가 생각하는 관심은 한 곳에 정을 쏟아부어 좋아하는 것이라고 생각한다. 내 관심사엔 스포츠도 있는데 그 중 UFC와 캐치볼이 있다.

UFC는 이종격투기로 말 그대로 2종의 격투기가 서로 싸우는 것이다. 서로 피를 보며 싸워 잔인하다는 단점이 있지만 그렇게 잔인하더라도 남자는 한 방에 때려눕히는 재미가 있고 여자는 서로 버티면 누가 이길지 모르는 긴장감이라는 재미가 있다. 나는 아빠와 UFC 선수들 중 누가 이길지 내기도 하며 즐거운 시간을 보냈다. 그리고 선수들 중 내가 고른 선수가 KO로 이기면 말로 표현할 수 없을 정도로 기쁘다. 내기에서 이겼을 때의 기쁨과 KO시킨 선수가 멋져 보이기 때문이다.

캐치볼은 모두가 알다시피 서로 잘 받도록 던지고 받는 놀이이다. 난 아빠의 친한 분이 놀러가자고 해서 친한 분의 아들(형)과 캐치볼을 하며 놀고 난 후 캐치볼의 공 던지는 재미를 알았다. 캐치볼은 운동도 되고 공만 잘 던지면 위험성도 없는 재밌는 놀이다.

이렇게 내가 좋아하는 놀이와 스포츠를 알아보았는데 우리 글방 친구들이 이 글을 보고 내가 움직이는 것을 싫어하는 것이 아닌 홈트레이닝 같은 운동을 싫어한다는 걸 알아주었으면 좋겠다.

☑ 마지막 문장을 보며 웃었어. 이 글을 보니 세연이가 어떤 스포츠를 좋아하는지, 밖에서 움직이는 걸 얼마나 좋아하는지 알겠는걸. 집에서 하는 홈트레이닝은 왜 싫어하는지 궁금해지기도 한다. 그 차이가 무엇인지도 꼭 설명해줘.

내가 좋아하는 게임/스포츠

김선우

나의 꿈이 달리기 선수인 만큼 내가 좋아하는 스포츠 1위는 달리기이다. 나는 달릴 때 행복하다. 왜냐하면 1등 하는 상상을 하고 열심히 달리기 때문이다. 목요일에도 학교 체육 시간에 이어달리기가 있었다. 내가 첫 번째로 뛰어서 상대편과 거리를 많이 두었는데 아쉽게 우리 팀이 지고 말았다. 지는 건 속상하지만 친구들과 함께 달릴 수 있는 것만은 즐거운 일이다. 내가 아는 달리기의 룰은 없지만 그냥 열심히 달리면 되는 것?! 달리기는 내 꿈과 연결되어 있어서 진심으로 내가 좋아하는 스포츠이다.

그리고 내가 좋아하는 게임은 로블록스이다. 게임 속에는 다양한 게임을 플레이할 수도 있고 만들 수도 있다. 그래서 한 번 시작되면 종료하기가 어렵다. 내 할 일을 모두 끝내고 시간이 주어지면 가끔 플레이하지만 하면 할수록 그 매력에 빠지지 않을 수가 없다. 그런데 이 게임은 우리 가족 중 나만 알아서 많이 아쉽다. 그래서 나는 주말에 아빠와 함께 닌텐도 위를 자주 하는데 역시 게임은 같이 해야 재미가 더 큰 것 같다. 어떤 게임이든 잠시라도 스트레스를 날릴 수 있어 좋다. 나에게 게임과 스포츠는 비슷하면서도 다른, 하지만 둘 다 재미있는 놀이이다.

- [x] 선생님도 달리기나 닌텐도 게임을 좋아해서 공감을 많이 하면서 읽었어. 게임은 혼자 할 때보다 다른 사람과 같이할 때 더 재미있다고 쓴 점이 날카롭고 인상적이야. 게임과 스포츠의 차이를 포착하려고 한 점도 흥미로운데, 선우 생각에 어떤 점이 비슷하고 다른지 써보아도 좋겠다.

내가 좋아하는 게임과 룰

조율

내가 좋아하는 게임의 이름은 마인크래프트이다. 마인크래프트에는 좀비, 스켈레톤, 거미 등 여러 몬스터들이 있다.

마인크래프트의 대표적인 것은 모든 것들이 다 네모라는 것이다. 태양, 좀비, 돌 등 다 네모 모양이다. 그리고 마인크래프트에는 크리에이티브라는 것이 있는데 블록, 귀한 아이템을 많이 꺼낼 수 있는 기능이다. 심지어 날아도 다닌다. 여기까지 내가 좋아하는 게임과 룰을 알아보았다.

☑ 선생님도 동생이 마인크래프트를 알려줘서 한 번 해보았는데 집 짓는 데만 한 시간이 걸렸지 뭐야. 아마 기본 도구만 써서 그렇겠지? 그리고 서바이벌 모드여서 떨어지거나 몹에게 공격 받을 때마다 (심지어 선인장한테 찔려도 죽더라고?) 처음부터 다시 해야 하는 게 여간 귀찮지 않더라고? 율이처럼 크리에이티브 모드로 했으면 죽지 않고 날아다닐 수 있었을 텐데.

내가 좋아하는 게임/스포츠

곽진호

내가 좋아하는 스포츠는 피구, 배드민턴이다. 왜냐하면 나는 재미있고 신나게 뛰는 스포츠를 좋아하기 때문이다. 또 피구는 내가 조금 잘하기에 좋아한다. (원래 대부분의 사람들이 좋아하는 이유는 보통 자기가 잘해서 재미있으니까 정확히는 자기가 잘해서 계속 이기기 때문이다. 지면 재미가 없어지고 하기 싫어지는 게 사람이다. 나도 그렇다.) 그렇기에 피구도 내가 잘하고 이길 수 있다. (반 친구들이랑 하면 이길 자신이 있다. 왜냐하면 질 수도 있기 때문이다.) 또 배드민턴은 타격감이 좋다. 그래서 좋다. 또 배트민턴은 음.. (생각이 안 나서 뒤에 옴) 생각이 안 나서 일단 킵.

내가 좋아하는 게임은 두 가지가 있다. 첫 번째는 보드게임이고 두 번째는 컴퓨터 게임, 핸드폰 게임처럼 그냥 게임이다. 먼저 첫 번째는 복잡하고 어려운 보드게임이다. (어떤 건지는 모르겠음) 아무튼 그런 게임이다. 나는 복잡한 게임을 좋아한다. 예를 들어 추리소설 같은 그렇기에 음 무언가 복잡한 것이 좋다. 물론 머리가 아플 수도 있겠지만 복잡한 게 좋다. 그런데 그런 보드게임을 별로 안 해봐서 뭔지도 모른다. 두 번째는 핸드폰 게임은 좀 그렇다. 컴퓨터 게임은 좀 많다. 산소미포함, 문라이터(곧 할 수 있을 듯), 슬라임랜처, 테라리아, 마인크래프트, 래프트,

서브나우티카, 록맨(문제에 의해 못함), 돈스타브투게더(아직 없음), 스펠렁키(없음), 몬스터헌터:월드(아직 없음), 새티스팩토리(아직 없음2) 등등 더 있을 수도 있다. 이게 내가 좋아하는 게임들이다. 나는 핸드폰 게임보다 컴퓨터 게임을 더 하는 편이다.

배드민턴은 이제 생각났다. 배드민턴은 뛰어서 건강에 좋고 또 재밌다. 그리고 가족과 하면 넘기기가 제일 재밌고 또 나는 그럭저럭 하는 편이다. 아빠랑 치러 가면 재밌다. 근데 자전거가 더 재밌어서 요즘은 배드민턴을 가끔 한다. 또 배드민턴을 하면 시간 가는 줄 모르기 때문이고 네트 없이 주고 받기도 가능해서 조건도 적기에 내가 좋아하는 스포츠이다.

5/21에 씀

- ‘때문이다’와 ‘~해서’가 많이 들어가는 진호의 글은 무언가를 좋아하는 마음의 이유를 꼭 찾아내려는 의지가 보여. 그게 꼭 나만이 아니라, 사람은 왜 자기가 잘하는 운동을 좋아할까 질문을 확장해서 얼핏 당연해 보이는 것도 이치를 찾으려 하는 게 재미있네.

내가 좋아하는 게임&스포츠

박민서

내가 좋아하는 게임이나 스포츠는 여러 가지가 있다. 내가 좋아하는 게임은 로블록스, 좀비고등학교, 틱톡, 어몽어스, 게임은 아니지만 캡컷이 있다. 스포츠는 피구가 있다. 로블록스는 종합 게임이다. 좀비고는 좀비를 해치우는 게임이고 캡컷은 사진 편집 앱이다. 피구는 알고 있겠지만 설명한다. 어몽어스는 우주마피아 게임이다. 피구는 자기 편 칸에서 다른 팀을 맞추는 놀이이다. 이 모든 것들이 다 좋지만 가장 좋아하는 것은 캡컷이다. 왜냐하면 캡컷으로 내가 좋아하는 사진을 편집하기 때문이다. 내가 캡컷으로는 잉여특공대 사진을 편집해서 나의 사진첩(갤러리)에는 잉여특공대 사진과 동영상으로 가득 차 있다.

☑ 선생님은 사진 편집 앱을 게임이라 생각해본 적이 없는데, 민서의 글을 보니 이 앱을 통해 사진을 편집하는 일이 얼마나 재미있는 놀이일 수 있는지 설득되었어! 민서의 잉여특공대 사랑은 글방 시간에 익히 들어 알고 있었지만, 직접 편집한 사진이라니 정말 궁금해진다.

5

할머니가 나만 했을 때

글을 쓰다 보면 다른 사람의 이야기를 쓰게 될 때가 있다. 그럴 때면 우리는 그 사람의 모습을 떠올리며 상상해보기도 하고, 내 이야기를 슬쩍 '내가 아는 사람'으로 바꿔서 쓰기도 한다. 하지만 정말, 진짜, 내가 아는 게 아무것도 없는 어떤 사람의 이야기를 써야 한다면?

그럴 때 우리는 인터뷰를 한다. 어린이가 이야기를 들려줄 인터뷰이를 찾아가 제가요…, 하고 자기 소개를 하는 데서 인터뷰는 시작된다. 내가 그를 모르기 때문에 인터뷰를 하듯이, 질문에 답하는 그도 내가 어떤 사람인지 잘 모를 수 있다. 모르는 사람한테 자신의 이야기를 다 털어놓기는 쉽지 않다. 인터뷰를 할 때 흔히 아이들은 긴장해서 미리 짜 온 질문지가 꼭 체크리스트인 것마냥 묻고, 답을 듣고, 다음 질문으로 넘어가는 과정을 단숨에 해치워버린다. 그럴 땐 상대의 답을 듣고 반응을 꼭 하거나, 내 질문에 대한 답을 나도 해보면서 '대화'를 하라고 한다. 질문자의 정중한 호기심과 응답자의 편안한 솔직함이 만나 어우러지는 시간에서 좋은 인터뷰가 나온다고.

글방에는 할머니 할아버지와 함께 사는 친구들이 많았다. 꼭 함께 사는 할머니가 아니더라도 멀리 떨어진 할머니, 친구네 할머니, 동네 할머니 등 누구나 괜찮다고 했다. 나도 할머니 얘기라면 둘째가라면 서러울 정도로 할 말이 많은 사람이다. 함께 살고 또 떨어지기를 몇 번 반복하는 동안에

고운 정 미운 정이 다 든 할머니는 한때는 세상에서 제일 사랑하는 사람이었다가, 한때는 도통 이해가 안 되는 사람이었다가, 지금은 내 쪽에서 이해하려 부단히 애쓰는 사람이 되었다. 우리의 관계는 언제나 불평등했고 한쪽이 다른 한쪽을 돌보는 사이가 되었다.

할머니가 할머니가 아니었던 때를 상상하는 것은 쉽지 않다. 21세기에 태어난 어린이에게도 그것은 시간적으로 먼 과거이지만, 할머니도 그 시절을 회상하는 데 어려움이 있을 수 있다. 세월이 흘러 희미해진 기억도 많고, 시간이 아무리 흘러도 절대 지워지지 않는 기억들도 있다. 할머니들은 그런 기억을 가슴에 묻고 입으로 꺼내지 않는다.

손녀 손자의 특권은 여기서 발휘된다. 할머니들에게는 이야기를 듣고 싶은 손녀 손자의 호기심이 딸이나 아들의 질문보다도 어쩌면 더 반가운 것이리라. 글방 학생들의 조부모님들은 언제 어디서든 살아온 이야기를 꺼낼 준비가 된 사람들이었다. 조각조각 흩어진 기억들은 엄마, 아빠, 고모, 삼촌의 도움을 받아 이어보기도 한다. 물론 이 글은 할머니의 말을 토대로 한 나의 글이라는 것을 분명히 해야 한다. 그냥 궁금해서 묻는 게 아니라 글방 숙제로 글을 써서 친구들과 선생님 앞에서 읽을 거라는 것을 알리고, 말하던 중에 할머니가 다른 사람에게는 알리지 않았으면 좋겠다고 하는 내용은 둘만의 비밀로 간직한다. 부끄럼 많은 할머니들의 이야기 중엔 혼자만 알기 아까운 재미난 내용이 있을 수도 있다. 그럴 땐 할머니를 잘 설득해서 허락을 받자. 할머니들은 자신의 과거가 얼마나 중요한 정보이고 하나하나 소중한 자료인지를 모른다!

할머니들의 이야기는 때로 가슴이 아프고 찡하기도 하다. 한국전쟁 후와 같이 가난했던 시절의 흔적이 묻어 있어서 그렇기도 하고, 지금도 우리 주변에는 안정적인 식사나 집, 병원 치료를 보장받지 못하는 할머니와 할아버지들이 있다. 그러나 인터뷰이는 그들의 슬프고 짠한 면이 삶의 전부라고 생각하지 않아야 한다. 한국에서 할머니, 할아버지들의 이야기를 가장 맛깔나게 쓰는 구술생애사 작가 최현숙은 자신의 글쓰기가 주인공이 얼마나 고생했고 가난했고 안됐는지가 아니라, 그 가난과 고생으로 인해 그들 안에 어떤 '깡'이 생겨나 그들을 강하고 지혜롭게 버티도록 만들었는지 밝히는 작업이라고 말한다.* 우리는 빛과 그림자를 잘 조절해야 인물을 입체적으로 그릴 수 있다.

나, 엄마와 아빠, 할머니와 할아버지로 이어지는 선은 직선이 아니라 곡선일지도 모르겠다. 어떨 땐 조부모님이 부모님보다도 더 가깝게 느껴진다. 글방 친구들은 할머니들의 이야기를 들으며 희한하게도 그 안에서 나를 찾게 되었다. 먹는 것도, 입는 것도 지금이랑은 너무 다른데 내가 하는 고민들을 할머니도 똑같이 했다니, 신기해하면서.

* 최현숙, 『할매의 탄생』, 글항아리, 2019, 6쪽.

할머니의 어린 시절

곽진호

나는 1947년 음력 1월 19일(양력 2월 9일) 전라도 장흥 어느 한 한옥집에서 오남매 중 셋째로 태어났다. 내가 4살 때 6.25가 일어났다. 전쟁시절이라 먹을 것이 별로 없어서 항상 배가 고팠다. 내가 7살 때 여동생이 하늘나라로 갔다. 여동생이 하늘나라로 간 이유는 잘 모르지만 몸에 열이 많았던 것으로 기억한다. 아빠가 많이 편찮으셔서 내가 병수발을 들었다. 그래서 동생이 많이 아팠었는데도 병원에 못 간 것 같다. 많이 예쁜 내 동생이 보고 싶다.

내가 가장 슬펐을 때는 내가 네 살 때 아빠가 돌아가셨다. 그때 내가 가장 슬펐다. 엄마와 오빠들이 농사나 목수일을 하셔서 생계를 꾸려나갈 수 있었다. 집에는 항상 친구들(오빠 친구들, 내 친구들, 동생 친구들)이 놀러왔었다. 마을 앞에 냇가에서 물고기를 잡고 물장난을 치고 감자, 옥수수, 완두콩, 닭을 서리*해서 친구들과 구워 먹거나 쪄 먹었다. 내가 가장 좋아했던 놀이는 고무줄놀이다. 친구들이랑 달리기했을 때, 고무줄놀이 했을 때 기분이 좋았다. 내가 가장 좋아했던 음식은 김치, 날계란, 된장국이

* 주의: 낮과 밤에 기온 차이로 지표면에 발생하는 서리가 아님. 이건 명사 '서리'가 아니라 동사 '서리하다'임.

다. 내가 지금도 먹고 싶은 음식은 자운영*이다. (뒤에 있는 자운영 사진 참고) 내가 살 때는 자운영이 흔했지만 지금은 농약 때문에 많이 없다. 나는 어릴 때 고기를 좋아했지만 많이 못 먹었다. 그래서 어릴 때 먹었던 음식 중에 맛있는 음식은 고기이다.

나의 가장 친한 친구는 '이필순'이다. 그때 내 꿈은 선생님이었다. 하지만 집이 가난해서(그때는 전쟁 후라서 모두가 가난했기 때문이다) 공부를 많이 못 해 선생님이 되지 못했다. 또 나는 어릴 때 나무 자르는 곳에 있다가 쓰러지는 나무에 맞아서 이를 다쳤는데 시골이라 병원에 못 가고 약만 사다 먹어서 어른이 돼 이가 많이 약해졌다. 엄마는 엄청 엄했다. 나를 교육시킨다고 내가 늦게 들어오면 엄청 혼냈다. 내가 다녔던 학교는 삼서국민학교(요즘은 초등학교라고 부른다)이다. 좋아했던 노래는 이미자와 남준 노래이다.

시작: 10:00

끝: 12:08

5월 28일에

진호가 씀

* 중국이 원산지이며, 재배를 하던 것이 야생화가 되어 저지대의 논이나 길가에 자란다. 2년초로 줄기는 밑에서 가지가 많이 갈라지며 높이는 10~25cm. 자운영은 꽃 피기 전에 새순이 나왔을 때 채취한다.

☑ 진호야, <홍길동전>이나 <박씨전> 알지? 할머니가 어느 날 어느 지역에서 어떤 집안의 딸로 태어났는지부터 시작해 할머니의 일대기를 전하는 진호의 글은 '전(傳)'의 느낌이 나기도 해. 오래전 잃은 여동생과 아버지에 대한 기억을 할머니가 여전히 간직하고 계시고 그걸 손자인 진호가 기록하는 것도 의미가 있네. 그 많던 자운영은 다 어디로 갔을까. 진호 덕분에 선생님도 언젠가 자운영 꽃잎을 반갑게 알아볼 수 있을 날이 올까.

우리 할머니가 나만 했을 때

박민서

우리 할머니는 일제강점기 때 큰아버지는 목수로 아버지는 감독으로 일본에서 계셔서 어머니와 오빠와 언니, 숙모가 따라서 갔을 때 일본에서 태어났다. 그리고 해방돼서 4살 때 한국으로 돌아와 경상남도 김해군에서 살았다. 그리고 7살 때쯤 6 · 25가 일어났다. 그때는 어머니가 미숫가루를 갈아주시며 배고플 때 물이랑 먹으라고 하셨다. 밤에는 호롱불을 켰는데 창문으로 밝게 비치면 대포, 총 같은 걸 쐈기 때문에 담요, 이불로 가리셨다. 그렇게 혹시 모르니 피난 준비를 하다가 전쟁이 끝이 나 피난은 가지 않았다. 6 · 25 전쟁이 끝났을 때가 9살 때쯤이라 학교에 갔다. 그리고 18살 때쯤 부산에서 양재학원을 다녀서 양재학원과 양재점을 운영하다가 32살에 결혼하고 34살에 딸(고모)을, 36살에 아들(아빠)을 낳고 일을 그만했다.

☑ 짧은 글이지만 할머니가 살아온 삶 속에 한국의 역사가 다 들어 있네. 지금 민서보다도 어린 나이의 할머니가 호롱불이 새 나가지 않게 창문을 가리며 전쟁이 끝나기를 기다린 마음은 어땠을까, 상상하게 돼.

외할머니의 학창 시절

김세연

요즘 내가 자신감이 조금 떨어져 친구를 잘 사귀지 못하여 할머니의 자서전을 쓰며 할머니의 학창시절을 바탕으로 쓰게 되었다. 그런데 하필 왜 할머니냐, 엄마나 아빠처럼 우리와 세대가 가까운 사람보단 우리와 더 먼 할머니가 TV나 폰과 더 멀어 친구와 노는 시간이 더 많았을 것 같아 할머니의 학창시절을 토대로 쓰게 된 것이다. 그리고 외할머니 집이 가깝고 더 자주 가다 보니 친할머니보단 외할머니에 대해 쓰게 되었다.

• • •

[이 이야기는 상상이지만 인물은 실제인물입니다. 이석배 님은 돌아가셨지만.]

나는 오늘도 마당에 나와 아침 공기를 마십니다. 뛰어서 담 너머를 보니 옆집 친구 김순예가 보이네요. 순예는 나의 가장 소중한 친구입니다.

"순예야, 안녕?"

"안녕, 순옥아?"

"우리 같이 등교하자."

"그래."

우린 매번 하던 대로 같이 등교를 하고 있었는데 그때 누군가가 내 귀를 탁 치고 갔습니다. 뒤를 돌아보니 이석배가 있었습니다. 그 녀석은 아주 짓궂기로 유명한 녀석입니다. 맞은 귀는 어릴 땐 괜찮았지만 나이가 들수록 잘 안 들렸습니다. 나중에 동창회 때 들어보니 석배가 죽었다더군요. 그래서 그 일을 잊어보려 했지만 아픈 귀 때문에 잘 잊히지 않았습니다. 그때부터 전 좋은 친구를 사귀는 것보다 원래 있던 친구를 좋은 친구로 만들어야겠다고 생각했습니다. 그래서 저는 친구와의 마음의 거리감을 없애고 험담하지 않습니다.

저는 순예와 서로 거리감을 없애 더 사이가 좋아졌습니다. 석배는 죽어 친한 친구가 되지 못해 아쉽기도 하지만 순예와는 더 돈독한 사이가 되어 그래도 행복합니다. 순예와의 벽을 없애고 나서 더 좋은 사이가 되었답니다. 내 나이 69세, 아직도 순예와 관계를 유지하여 가끔 만나며 행복하고 즐거운 시간들을 보내고 산답니다.

☑ 선생님한테 이 글은 세연이가 타임머신을 타고 꼭 그 시절 외할머니의 몸속에 들어가서 쓴 것처럼 느껴져. 특히 이런 장면들이 눈에 들어오네. 아침마다 얼굴을 볼 수 있는 거리에 가장 소중한 친구가 있다는 것, 그 거리는 담으로 가로막혀 있는 두 사람의 집 사이처럼 아주 가깝다가도 때로는 멀게 느껴지기도 한다는 것. 나를 괴롭혔던 친구는 이제 없

지만 이뤄지지 못한 우정이 내 몸의 어딘가 여전히 남아 있다는 것. 그런 것들을 포착할 줄 아는 세연이 같은 사람이 누군가에게 정말 특별한 친구가 되는 순간들 말이야.

할머니가 어렸을 때

조율

할머니 때는 게임이 없었기에 나가서 놀았는데 막대치기, 고무줄놀이 등 자연이 장난감이었다. 또 산에 가서 나물도 캐고 개천 가서 물고기도 잡았다고 하셨다. 그리고 겨울에는 썰매, 눈사람, 얼음판에서 팽이도 하며 놀았다. 그리고 주로 먹는 음식은 집밥을 먹고 또 옥수수, 감자, 고구마 등 여러 곡식을 쪄 먹었다. 내가 그 시절로 간다면 햄버거가 없어서 너무 힘들 것 같다.

☑ 자연이 장난감이었다는 말이 좋다. 할머니께 자연은 놀이터이자 일터이자 부엌이자 거실이었을까? 햄버거 없이는 못 사는 율이가 햄버거의 존재를 몰랐을 땐 누구보다 신나게 돌아다니지 않았을까?

할머니가 나만 했을 때

김선우

저희 할머니를 소개하겠습니다. 저의 할머니는 제가 가장 사랑하는 엄마의 엄마입니다. 이름은 이진월이고 나이는 74세입니다. 2남 2녀 중 장녀로 태어나셨어요. 혈액형은 B형이고 종교는 무교입니다. 일어나는 시간은 5시 30분, 잠드는 시간은 10시쯤 이시래요. 미스터트롯 재방송을 보시면 더 늦게 주무시지요. 할머니의 오랜 습관은 시간만 나면 베란다에서 청소와 정리하기, 취미는 할머니만의 옷 수선, 바느질! 성격은 꼼꼼하고 다정하고 남을 잘 챙겨요(너무 챙겨서 탈). 할머니가 가장 보고 싶은 사람은 할머니의 엄마래요. 가장 좋아하는 것은 반짝이 옷, 가장 싫어하는 것은 안 예쁘게 말하는 사람들이래요. 가장 소중하게 생각하는 것은 옛날에도 지금도 가족이래요. 가장 가보고 싶은 해외여행은 저와 함께 보라카이에 가는 거래요. (이유는 제가 엄마, 아빠와 보라카이에 갈 때 콩순이 인형을 데리고 갔었는데 그게 샘이 나셨대요.) 좋아하는 음식은 모든 생선튀김이고, 싫어하는 음식은 치즈래요.

할머니가 나만 했던 11살에 할머니의 아버지가 돌아가셨다는 말씀을 들었어요. 슬픈 이야기들이 많을 것 같아서 어린 시절 인터뷰를 하기 어려워 대신 프로필을 만들어보았어요. 여러 가지를 여쭈어보면서 할머니를 더 자세하게 알게 되었고 나와 나이만 다르지 비슷한 점이 많다는 것도 느꼈어요. 할머니 사랑해요. 오래오래 저랑 행복하게 살아요!

- ☑ 태어날 때부터 할머니와 함께 살았던 선우에겐 할머니의 과거가 어떻게든지 할머니의 지금과 연결되고 있는 것 같아. 청소와 정리하기를 곧잘 하시는 할머니의 꼼꼼한 성격은 아주 오래전부터 만들어진 것만 같고, 가족을 소중하게 생각하는 할머니가 어릴 적부터 아버지를 얼마나 그리워하셨을지도 선우는 어렴풋이 느끼고 있네.

할머니, 할아버지와의 인터뷰

유시율

오늘 주제는 할머니, 할아버지의 어렸을 때를 인터뷰하고 글을 쓰는 것이다. 너무 어려웠지만 할머니, 할아버지랑 차근차근 이야기하다 보니 쓸 수 있었다. 먼저 내가 질문했다. "어렸을 때는 주로 어떤 놀이를 하셨나요?" 할머니께서는 "내가 어렸을 때는 고무줄 놀이를 했는데 이 놀이는 주로 여자 아이들이 했어. 친구 두 명이 양쪽에서 고무줄을 잡고 있으면 가운데에서 여러 명이 줄을 밟거나 피하는 놀이야. 손으로 하는 실뜨기랑 비슷하지?" 하고 말씀하셨다.

할아버지는 "겨울에는 썰매 타기, 팽이치기, 제기차기 등등 엄청 많았지" 하셨다.

내가 다시 질문 하나를 더 했다. "옛날에 평소 지낼 때 불편했던 점이 있나요?" 할머니, 할아버지 두 분 모두 옷이 불편했다고 하셨다. 옷이 한복이어서 그렇다고 하셨다. 그리고 할머니, 할아버지는 형제가 많은데 (할머니는 9명, 할아버지는 6~9명? 잘 모르겠다) 그래서 옷을 물려 입어서 동생들이 싫어했다고 했다. 지금도 동생 나율이가 내 옷을 물려 입는데 동생 옷장이 터질 것 같다.

오늘 글쓰기를 통해서 조금 더 할머니, 할아버지에 대해 알 수 있어서 좋았다.

☑ 할머니의 고무줄놀이 설명을 보니까 지난 시간에 쓴 시율의 상어게임 하는 방법이 생각나네. 시율도 나중에 손자가 생기면 상어게임이 뭔지 가르쳐주지 않을까. 그때 아이들은 옷을 서로 물려줄까?

6

상상은 현실이 된다

손으로 들고 다닐 수 있는 컴퓨터, 직접 운전하지 않고도 목적지까지 나를 태워다주는 자동차, 목소리로 명령하면 음악을 틀어주거나 모르는 것을 찾아주는 인공지능 로봇. 이 사물들의 공통점이 있다면 무엇일까? 인간의 삶을 좀 더 편리하게 해주는 것들? 인간만큼, 아니 어쩌면 인간보다 더 똑똑해진 기계들? 이 모든 것들은 공상과학 영화나 소설에나 등장하는 것인 줄 알았는데 어느새 모두 지금 우리의 현실이 되었다. 우리의 상상 속에서나 가능하다거나 먼 미래의 일로만 여겨지던 일들이 점점 현실에 펼쳐지는 속도가 빨라지고 있다. 불과 10년 전의 세상과 현재의 세상이 이렇게나 다른데, 앞으로 10년 후, 20년 후의 세상은 또 얼마나 달라져 있을까? 지금보다 기술이 더 복잡해지고 고도로 발달한 미래 사회의 모습은 지금의 모습과는 얼마나 다를지 생각해보려면, 우리는 아마 엄청난 상상력을 발휘해야 할 것이다.

그런데 미래를 상상하기가 어려운 것은 세상이 점차 빠른 속도로 변해가고 있기 때문일지도 모르지만, '예측 불가능함'에 있을지도 모른다. 코로나19 바이러스가 이렇게 세상을 덮칠지 과연 누가 예상이나 했을까? 방학이 끝나도 등교하지 못하고 컴퓨터 앞에 앉아 화상강의를 듣게 될 줄은 누가 알았을까? 도희와 보경, 진호, 선우, 세연, 예영, 민서, 시율, 율이가 이렇게 같이 글방 수업에서 만나게 될 줄 우리 중 누가 예상했을까? 미래에 어떤 일이 펼쳐질지 전혀 모르기 때문에, 미래를 상상하는 일은 두렵기도 하고 설레기도 하는 일인 것 같다.

이번 글방 수업에서는 모두들 상상력을 최대한 동원해 미래를 상상해 보기로 했다. '나는 상상력이 부족해요'라고 의기소침해하는 친구들도 있지만, 미래를 상상하는 일이 반드시 지금과 모든 것이 다른 미래를 상상해야 한다는 말은 아니다. 세상이 아주 달라지더라도 변하지 않는 일상이 있다. 어쩌면 우리는 아침에 등교하거나 일을 하기 위해 AI로봇의 알람을 설정해야 할 수도 있고, 밥을 먹거나 양치질을 하고 옷을 입기 위해 기계의 도움을 빌릴지도 모른다. 이런 미래의 모습은 먼 미래의 일이라기보다 우리의 일상과 크게 다르지 않은 것 같다고 느껴진다. 구체적인 '상상'은 현재 우리가 경험하고 느끼는 것들을 재료로 삼아 이루어지는 일이다.

누군가는 "상상은 현실이 된다"고도 말한다. 어쩌면 우리는 친구들의 글에 적힌 미래를 살게 될지도 모르겠다. 기술이 고도로 발달한 세상, 혹은 코로나19 팬데믹이 끝난 후의 세상. 머지않은 미래의 이야기이고, 어쩌면 지금 이 책을 읽고 있는 현재의 이야기일지 모른다.

AI와 함께 사는 세상 상상하기

곽진호

나는 1인칭 시점으로 미래에 내가 AI와 사는 모습을 써볼까 한다. 자서전 비슷하게(상상글 썼을 때처럼(시간을 계산한다면 한 3045년쯤)) 써보려고 한다. 캐릭터 설정: 나의 나이는 20~30이고, ○○도시에 살고 있다. 직업은 AI 개발자이고 전화번호는 XXX-XXXX-XXXX이다. 이제 시작해보려고 한다.

나는 지금 회사에 있다. 나는 AI 개발자이다. 이곳에서는 직업이 없으면 굶어 죽거나 얼어 죽거나 한다. 왜냐하면 직업이 없으면 돈을 벌 수 없는 세상이다. 직업은 보통 크리에이터, AI개발자, 프로그래머 등등이 있다. 여기에는 지금은 만들어지고 있지만 아직 대중화가 안 된 자율주행 자동차, 드론택시, 하이퍼루프*, 우버에어** 등등이 있다. 나는 하이퍼루프를 타고 회사에 출근한다. 곳곳에 엄청 높은 보기만 해도 200층은 될 것 같은 건물들이 보인다. 그 건물들이 이어진 디지털처럼 생긴 도로를 보면 장관이다. 자동차들이 쌩쌩 지나가고 신호등이 떠 있다. 드디어 회사에 도착했다. 도착하자마자 반겨주는 것은 인공지능이다. 나는 기분 좋게 일을 할 수 있을 것 같다. 나는 책상에 앉아

* 초고속 이동 튜브로, 서울-부산 사이의 이동은 16분이 걸린다.

** 드론이 택배를 배달해준다.

인공지능 컴퓨터를 킨다. 역시 똑똑하다. 내가 앉자마자 자동으로 켜진다. 이곳은 온통 반짝거린다. 회사도 그렇다. 오늘은 새로운 인공지능 시스템을 만들기 위해서 회의를 한다. 나는 회의실에 들어간다. 홀로그램들이 나를 보고 있다. 회의는 홀로그램으로 참석하고 줌 수업처럼 볼 수 있고 들을 수 있다. 미래에 회의는 항상 홀로그램으로 한다. 다들 너무 바빠서 그렇다. 야근은 매일같이 한다. 요즘 일이 좀 줄어서 쉴 수 있다. 그래서 요즘은 피곤하지 않다. 어쨌든 나는 집에 가면 자고 다음 날을 준비한다. 밤의 도시의 풍경은 할 말을 잃을 정도로 멋지다.

-2021년 6월 4일 진호가 씀

☑ 진호가 집중해서 재미있게 쓴 글이라는 게 티가 날 만큼, 선생님이 읽기에도 흥미진진한 상상글이었어. 소설이나 영화의 도입부같이 읽히기도 한다. 캐릭터 설정, 구체적인 배경 묘사, 미래 기술에 대한 정보가 두루 갖추어진 글이네. 뒷이야기에는 어떤 사건이 펼쳐질지 궁금해져!

AI와 함께하는 세상

유시율

AI와 함께 살려면 먼저 제일 중요한 돈, 돈이 있어야 한다. 왜냐하면 돈이 있어야 로봇 같은 AI 인공지능을 살 수 있기 때문이다. 나는 멋진 집을 사서 거기에서 살고 로봇을 사서 나의 생활에 도움이 되게 할 것이다. 방이 더러우면 청소를 나 대신 해주고 또 로봇이 요리도 해줘서 매일매일 맛있는 음식을 아침 점심 저녁으로 먹을 것이다. 그리고 빨래는 세탁기가 해주지만 세탁기에 넣어주는 것, 빨래를 널어주고 빨래를 개는 것까지는 우리가 해야 하기 때문에 로봇이 해주고 설거지도 해준다. 집만 그런 것이 아니라 학교에서도 스마트기기로 시험 보고 교과서 필요 없이 스마트 기기로 한다. 숙제도 마찬가지이다. 솔직히 스마트기기로 숙제를 하면 더 잘될 것 같다. 지금까지 상상글을 써보았다. 내 미래에는 정말로 이럴까?

☑ 시율이가 상상한 미래는 미래의 일 같으면서도 무척 현실적이기도 하다. 방 청소에 요리에 빨래, 숙제까지 로봇이 해주면 무척 편할 것 같아. 그런데 만약 AI 로봇이 생각할 줄 아는 로봇이라면, 자기한테 계속 사람이 하기 싫은 일만 시킬 거냐고 뭐라 하면 어떡하지? 그럴 땐 로봇

이랑 어떻게 대화를 해나가면서 갈등을 풀어가야 할까? 이런 상상을 해보는 것도 재미있을 것 같아!

미래의 세상은...

조율

미래의 세상은 AI로봇들이 세상을 위해 일할 것 같다. 예를 들자면 드론이 택배를 배달하고 전투용 로봇들이 경찰이 되어 도둑을 잡고 여러 로봇들이 인간 대신 일을 해서 점점 직업이 없어지고 직업이 없어서 사람들은 움직이지 않아서 모든 사람들이 돼지같이 살만 찌며 인간은 종말을 맞이할 것 같다. 너무 부정적이기는 하지만 나의 개인적인 생각이 그렇다는 것이다. 지금까지 미래의 세상이었다. 끝!

☑ AI로봇이 세상을 위해 일할 것 같다는 말에 선생님은 긍정적인 미래를 떠올렸는데, 사람들이 종말을 맞이하게 될 것 같다니 끔찍해 ㅠㅠ! 그렇다면 AI로봇을 애초에 개발하지 않는 것이 좋은 걸까? 율이는 AI로봇과 인간이 공존할 수 있으려면 어떻게 해야 한다고 생각해? 같이 얘기해보자 우리.

AI와 함께 산다면

김예영

오늘 글방 숙제는 "AI와 함께 산다면"이다. AI와 함께 산다면 장단점이 있을 것이다. 장점은 자기가 할 일을 로봇에게 해주라고 할 수 있다.

예: IC.. 내일이면 숙제 검사인데 한 게 없넹.. 오케!! 시리야 시리: 네 주인님 부르셨습니까? 시리야 내 숙제 좀 해줄래? 시리: 네 주인님. -1시간 뒤- 시리: 다 했어요. 대박!! 하나도 안 틀렸자나! 흐흐 다음부턴 이렇게 숙제해야지~ 이렇게 숙제를 할 수 있다.

단점은 오늘도 수고했어 예영아~ 자자~(눈감음)...누가 날 쳐다보고 있는 느낌적인 느낌? 시리: 빤----히. 으악앍 야 놀랐자나!! 심장 떨어질 뻔했네... 시리: 죄송합니다 주인님. 전 주인님이 곁에 없으면 불편해요;; 단점2: 시리야 나 무서운 이야기 해줘랑ㅎㅎ 시리: 네 주인님. 옛날 옛날에 한 소녀가 아동학대를 받았습니다. -다 함- 다 했습니다. 만족하셨어요? 응! 시리: 만족하지 않으셨으면 실제로 해드렸을 텐데... 오류 때문에 오싹한 말을 할 수 있음. 지금까지 AI와 같이 산다면? 이라는 주제의 글쓰기를 하였다.

- [x] 예영이는 대사를 참 재미있게 잘 쓴다는 것이 큰 장점이야. 상황을 실감 나게 잘 전달해. 마지막에 오싹한 유머 장면에 선생님도 조금 오싹해졌네. 예영이가 쓴 글에서도 드러나듯 AI는 인간처럼 생각하고 감정을 느낄 수 있는 존재라서, AI와 함께 살게 될 미래에는 흥미로운 일도, 무서운 일도 많이 일어날 것 같다.

AI 세상

박민서

만약 AI가 지금보다 많아지고 실생활에서 자주 볼 수 있다면 모든 곳엔 장단점이 있듯이 좋은 점과 안 좋은 점이 있을 것이다. 내가 생각하는 좋은 점은 사람들이 싫어하는 일을 대신해주는 편함이 있겠지만 안 좋은 점은 지금도 일자리가 기계로 대체되면서 청년들이 일자리가 없어 자살하는 일들이 뉴스에 나오고 있는데 더 AI가 실생활에서 자주 사용하면 더 일자리가 없어질 것이다. 하지만 AI를 만드는 사람들은 돈을 더 벌 수 있을 것이다. 나는 우리 아빠가 AI를 만드는 사람이라도 AI에 대해 좋게 생각하지는 않는다. 왜냐면 '나도 미래에는 일을 해야 하는데'를 생각하다 일자리 때문에 자살하는 뉴스를 보면 뭔가 가슴이 답답하고 무섭고 나도 저렇게 될 수도 있다는 부정적인 생각을 하기 때문이다.

☑ 민서의 글을 읽으니 조금 마음이 아프다. 민서가 똑똑하게 지적한 것처럼, AI가 발달하면 장점과 단점이 모두 있을 거야. 아직 찾아오지 않은 부정적인 미래를 두려워하고 AI를 부정적으로만 생각하기보다는, AI와 공존하며 모두 행복하게 살 수 있는 미래에 대해서도 같이 상상

해보면 좋겠어. 어려운 일이겠지만, 민서라면 충분히 할 수 있을 거야.

AI와 함께 사는 세상 상상하기

김선우

우리 주변에는 인공지능 AI 시스템이 참 많다. 밥통, 세탁기, 청소기처럼 우리에게 도움을 주는 물건들이 많다. 지금은 AI가 도움을 주는 정도이지만 미래에는 사람이 할 수 없는 일까지도 AI가 해낼 것이다. 그렇게 되면 사람들의 직업이 적어질 것이고 정말 똑똑한 사람만이 살아남을 것이다. 그래서 나는 열심히 공부하고 노력하고 연구하면서 살아야 된다고 생각한다. 나의 장래 희망은 달리기 선수이지만 미래에는 내 정보를 입력한 로봇이 나 대신 경기를 뛸 수도 있다는 생각을 한다. 그래서 똑똑한 사람만 살아남는 미래의 나에게 응원의 메시지를 보내고 싶다.

AI와 함께 사는 세상에 살고 있는 미래의 선우야 초등학교 때 엄마 말씀 잘 듣고 열심히 공부하더니 로봇보다 더 멋진 사람이 된 것을 칭찬해! 그동안 많이 힘들었지? 지금의 세상은 모두 로봇 천지지만 너는 지금 로봇보다 더 똑똑하고 훌륭해! 모든 사람들이 로봇에게 도움을 받고 살아가지만 너는 스스로 멋지게 사는 모습이 정말 멋져! 모든 일을 로봇이 해서 사람들이 움직이지 않아 모두 뚱뚱한데 선우 너가 건강지킴이 로봇을 만들어 보는 건 어때? 기대할게. 모든 사람들이 행복하고 건강해지는 미래의 미래에도 건강하게 잘 지내~^^

- [x] 이 글의 선우처럼 똑똑한 사람이라면, 로봇보다 더 똑똑한 사람이 된 미래를 상상하는 것뿐만 아니라 로봇과 갈등을 겪으면서도 함께 행복하게 살아갈 수 있는 미래를 상상할 수도 있을 것 같아. 또 선우라면 건강지킴이 로봇도 만들 수 있겠지만, 행복지킴이 로봇을 만들 수도 있을 것 같아! 선우라면 얼마든지 더 많은 사람들이 행복할 수 있는 미래를 만들 수 있지 않을까 기대하게 돼.

코로나가 사라진 후

김세연

요즘 코로나 사태로 모두 힘들고 지쳐 한 번쯤은 코로나가 사라지고 일상을 되찾으면 좋겠다는 그런 말이나 생각을 해보았을 것이다. 나도 가끔 그런 생각을 한다. 코로나가 사라진 후는 어떨까?

오늘 드디어 매일 등교를 하는 날이다. 원래 9월에 매일 등교를 한다는 말도 있었지만 코로나가 끝날 때까지 학교에 가는 날은 그대로였다. 그래서 매일 등교가 가능해지고 코로나가 끝난 지금은 6학년이 되어 버렸다. "후, 긴장되네." 학교에 오니 익숙하지 않은 풍경이었다. 모두 마스크와 가림판 없이 수업 준비를 하고 있으니 신기하기도 하고 적응이 안 돼 친구들을 멀리하게 되었다. 학교에 처음 보는 얼굴과 익숙한 얼굴이 섞여 있었다. 6학년은 체육, 수학, 과학, 국어 전부 생각보다 어려웠다. 5학년 때 온라인 수업을 많이 해 배우는 것이 한정적이었기 때문이다. 그래도 금방 적응하여 수업도 잘 따라가고 친구도 많이 사귀었다. 아~ 얼마 전까지 내가 원하던 세상이 나의 눈앞에 있다. 행복하다. 이렇게 나는 코로나를 학교생활을 바탕으로 상상해보았다. 나는 이곳저곳을 가지만 특별한 일이 아니라면 집과 학교가 거의 대부분이기 때문에 학교에 대해 써보았다. 내가 쓴 글처럼 정상적으로 학교생활을 하는 날이 빨리 왔으면 좋겠다.

- [x] 코로나 때문에 학교에 가지 못하는 게 참 속상했지? 세연이가 그린 미래는 코로나 이전에 세연이가 누리던 일상생활의 모습과도 닮아 있는 것 같다. 그때는 그것이 당연한 일상인 줄 알았는데, 지나고 나니 정말 그리워지기도 해. 미래에 대한 설렘과 과거에 대한 그리움이 서로 비슷하다는 생각을 세연이 글을 읽으며 하게 된다.

7

영화 <콩나물>을 보고

이번 글방 수업에서는 함께 윤가은 감독의 단편 영화 <콩나물>(2013)을 보고 감상문을 쓰는 시간을 가져보았다. 윤가은 감독의 영화 속 아이들은 대개 어린이에 대한 편견에 얽매이지 않고 자기에게 부닥친 문제들을 나름대로 스스로 해결해나갈 줄 아는 꿋꿋함과 의연함을 보여준다. 영화 <콩나물>에는 할아버지의 제삿날에 콩나물이 필요하다는 엄마의 말에, 가족들 몰래 콩나물을 사러 떠난 주인공 보리의 모험이 그려진다. 보리가 집을 떠나 있는 동안, 누구를 만나고 어떤 일들을 경험하게 될까?

수업에서 우리는 영화를 몇 차례 반복해서 보았다. 영화를 처음 볼 때는 특별한 지시 사항 없이 보았고, 두 번째로 볼 때는 보리가 모험하는 동안 누구를 만났는지 좀 더 꼼꼼하게 집중해서 보았다. 누구를 만났는지 장면 하나하나 메모하며, 각 장면에서 느껴지는 보리의 감정을 생각해보기도 했다. 보리가 만난 저 사람은 누구일까? 보리가 저 사람들과 나누는 대화의 의미는 무엇일까? 영화를 꼼꼼히 보고 난 후 아이들에게 이런 질문들을 던지며, 각자 자기의 느낌과 생각을 표현해보는 시간을 가졌다.

이런 질문들은 각자 보리라는 인물에 더욱 이입할 수 있게 만든다. 영화를 감상하고 즐기는 방법 하나는 영화 속 인물에 이입함으로써 자기가 평소에 잊고 있던 경험과 감정을 끄집어내며 그 인물을 이해해보는 일이다. 그리고 그러한 감상과 이해를 다른 친구들과 나누게 되면, 같은 영화를 보고도 서로 다른 점에 주목하고 서로 다르게 느꼈다는 사실을 알게 된다. 책이나 영화를 보는 일은 세상을 다른 관점으로 바라보고 경험하는 법을 배우는 일이기도 한데, 이러한 배움은 자기의 감상을 다른 친구들과 나누고 나면 더욱 배가된다. 우리가 어릴 적 처음 심부름했던 날을 떠올려 보자. 그날의 나는 보리와 얼마나 비슷했고 또 얼마나 달랐을까?

콩나물

유시율

이 영화는 20분짜리 영화다. 주인공은 정확히는 잘 모르겠지만 유치원에 다니고 있고 이름은 보리이다. 이 영화에 나오는 주변 인물은 보리 엄마, 동네 아줌마(임산부), 공사 아저씨, 강아지, 학생들, 가게 아주머니, 빨래 아줌마, 배달 아저씨, 동네 친구들, 보리 치료해주신 할머니, 정자에 앉아 계셨던 할머니, 할아버지, 모자 쓰고 가시는 할아버지, 시장 아주머니 이렇게 해서 총 13명의 주변 인물이 있었다.

주인공 보리는 제삿날 할아버지가 좋아하는 콩나물이 없다고 해서 심부름을 한다고 했지만 엄마가 어려서 안 된다고 하였다. 하지만 기어코 콩나물을 사러 나간 보리는 여러 가지 경험을 했다. 그런데 그중에서도 시장 가기 전 만났던 할아버지가 기억에 남았다. 왜냐하면 집에 돌아왔을 때 사진 속에 아까 만났던 할아버지가 있었고 뒤에서 어른들이 아버님이 해바라기꽃을 좋아한다고 해서 소름이었다. 다 평범하고 순수한데 마지막 장면을 보고 너무 놀랐다. 다음에는 보리가 심부름을 잘했으면 좋겠고 할아버지가 살아 계셨으면 좋겠다.

☑ 선생님도 영화의 마지막 반전에 정말 깜짝 놀랐어. 다른 장면들은 평범하고 순수한 느낌이었는데, 마지막 장면에서 소름이 돋고 놀랐다는 표현을 써준 것이 좋다. 이 마지막 장면을 어떻게 이해하면 좋을지 시율이의 이야기를 더 듣고 싶어. 보리는 어떻게 할아버지를 만나게 되었던 걸까?

<콩나물>을 감상하고

곽진호

나는 콩나물이라는 영화를 보았다. 이 영화는 글쓰기 수업에서 선생님이 보고 쓰라고 하셔서 썼다. 이 영화에는 보리, 아줌마, 보리의 가족과 친척, 할아버지, 공사장 사람들, 뛰어 노는 아이들, 할아버지와 할머니들, 할머니, 택배기사, 빨래 걷는 아줌마, 상인들 정도가 나온다. 주인공은 보리이고, 보리는 콩나물을 사러 나왔다가 여러 가지 일들을 겪었다.

먼저 보리는 할아버지 제사인데 할아버지가 콩나물을 좋아한다. 그런데 콩나물이 없어서 보리를 심부름(콩나물 사는 심부름)을 시키자는 이야기가 나왔다. 그런데 보리의 엄마가 말려서 결국 보리는 스스로 콩나물을 사러 나갔다. 솔직히 나도 하지 말라고 하면 더 하고 싶어지게 된다. 보리는 콩나물을 사러 가는 과정이 험난하고 재밌다. 그런데 마지막에 콩나물을 못 사고 돌아온다. 보리는 처음에 어떤 아줌마를 만나 칭찬받고 빵을 받아 출발한다. 나라도 기분이 좋았을 것 같다. 다음에는 콩나물을 사러 가는 길이 공사 중이었다. 공사장 아저씨는 보리에게 돌아가라고 했지만 보리는 끝까지 가려고 하다가 결국 아저씨의 호통에 돌아간다. 보리도 사람이기에 가지 말라면 더 가고 싶어질 것이다. 그렇게 공사장을 돌아가려는데 개를 만나 사람 뒤에도 붙어 갔는데 실패해 아까 받은 빵을 줘서 지나갔다. 그런데 야채 트럭 소리가 들려서 가다가 빨래 걷는 아줌마를 만났다. 빨래를 던져주다가 보리에게는 무리였는지 결국 다 쏟고 만다. 그 후에 야채 트럭을 찾으러 가다가 택배 아저씨를 만난다. 택배 아저씨는 길을 잃었냐고 묻는다. 보리는 똑똑하게 엄마를 부르며 간다. 야채 트럭을 놓친 보리는 길을 가다 아이들을 발견한다. 아이들과 재밌게 놀고 아이들과 보리는 마트에서 아이스크림을 사 먹는다. 한 아이와 싸움이 붙어 지갑을 뺏길 위기까지 있었지만 아이는 결국 돌려준다. 보리는 울면서 지나간다. 그러다 할머니를 만나는데 그 할머니는 청각 장애인이었다. 아직 어린 보리는 그런지 몰라 할머니에게 시장이 어딨냐고 시장 아냐고 5~6번은 물어본 것 같다. 할머니는 보리에게 따라 오라고 하고 자기 집으로 가 상처에 약을 바르고 밴드를 붙여주었다. 할머니가 고추를 말리자 보리도 도와주었다. 지금 생각해보니까 보리는 참 많은 일을 겪었던 것 같다. 그리고 할머니들과 할아버지들이 있는 곳으로 가서 물을 마시는데 술까지 마셔 취하게 된다. 그렇게 쇼를 한다. 할머니들과 할아버지들 사이를 나와 어느 할아버지를 따라간다. 모자가 자기 아빠 거라고 따라간다. 할아버지는 보리에게 모자를 주고 모자를 확인한다. 할아버지는 모자를 돌려받는다. 그리고 할아버지와 저녁노을을 본다. 나도 노을은 아름답다고 생각한다. 마지막으로 시장에 온 보리는 콩나물을 사려고 했지만 술을 마셔서 기억하지 못한다. 그렇게 긴 모험을 했지만 어쨌든 목표를 이루지 못해 모험만 하다 돌아온다.

이 영화는 시간이 짧아 단시간에 볼 수 있는 영화다. 이 영화를 보며 나는 생각한다. 술을 마시는 부분이 보기 나쁘다고 생각한다. 술은 몸에 안 좋다. 알코올 때문이다. 알코올이 뇌세포를 파괴한다. 보리가 기억을 못 한 것처럼. 그래서 어른이 되어도 술, 담배는 하지 말자. 보리는 어린데도 혼자 심부름을 가고 대단하다. 나도 보리만큼 용기 있었으면 좋겠다. 이 영화는 꽤나 괜찮았다. 나는 모험 종류의 책이나 영화를 좋아하는데 자극적인 모험은 아니더라도 흥미진진한 모험이어서 재미있었다. 또한 일이 일어날 때마다 보리가 재미있게 풀어나가는 것이 좋았다. 그리고 반전이 있다. 해바라기 밭에 있는 할아버지가 돌아가신 보리의 할아버지라는 것이 반전이었고 소름이었다. 이 영화는 재미있고 흥미진진해 추천한다.

2021/6/19

☑ 영화 줄거리를 꼼꼼하게 요약해주어서 감동이야. 하나하나 빠뜨리지 않고 적어주었네. 마지막에 진호가 적은 생각이 재미있었어. 어린아이가 술을 마시는 장면을 넣은 게 진호한테는 불편하게 느껴졌나 보다. 선생님은 보리의 모험이 얼마나 보리에게 새롭고 예상치 못한 방식으로 전개되는지 보여주는 장면처럼 느껴졌거든. 같은 장면을 보고도 서로 다른 생각을 하게 되는 것이 참 신기하지?

콩나물 감상평

조율

영화 콩나물을 보았다. 대충 어떤 느낌이 들었냐면 전반적으로 감동적이고 슬픈 느낌이 들었다. 마지막에 소름이 쫙 돋았다. 6살 아이가 혼자 심부름을 한다는 게 놀랍고 신기하였다. 중간에 보리가 좀 멀리 가는 것 같아서 걱정되었다. 난 이런 영화는 별로 좋아하지 않아서 개인적으로 평점은 4점이다. 감동적이었다.

☑ 율이가 이런 영화를 좋아하지는 않지만 그래도 이 영화가 율이한테 감동을 주어서 꽤 후한 점수를 준 거지?(웃음) 율이가 영화를 보며 느낀 바나 감정을 여러 형용사를 사용해 표현한 점이 좋네. 이러한 느낌들이 구체적으로 어떤 장면에서 느껴졌는지 설명해준다면, 독자가 율이의 감정과 생각을 더 잘 이해할 수 있을 거야.

<콩나물> 영화 감상문

박민서

콩나물을 보고 느낀 점은 어린 아이가 콩나물을 사러 갔다가 겪는 여러 일과 돌아가신 할아버지를 만나 우연히 길에서 따라가서 해바라기를 보는 장면, 제사에서 할아버지의 사진을 보는 장면이 감동적이었다.

☑ 민서는 율이랑 오히려 반대로 민서의 느낌을 중심으로 적기보다는 구체적인 장면들을 주로 적어주었네. 율이와 민서가 서로의 글에서 서로의 장점을 배운다면 각자 더 훌륭한 감상문을 쓸 수 있을 거라는 생각이 들어.

<콩나물> 감상문

김세연

영화제목: 콩나물

감독: 윤가은

제작일: 2013년

관람 장소: 안방

관람 평가: 5점 만점 4.9점

주인공 보리가 뭐든 시키는 대로 하니 귀엽고 어리숙한 모습이 귀엽기도 했는데 길을 잃을까 걱정되었다. 그리고 친구들을 만났을 때 굉장히 밝았다가 다른 어른들 특히 마지막 할아버지를 만났을 때 가장 표정이 불안한 듯했다. 그러다 나중에 제사를 지낼 때 해바라기 할아버지가 자신의 할아버지였다는 걸 알고 해바라기를 놓았는데 그 장면이 나는 보리가 너무 씁쓸해 보였다. 왜인지 모르겠지만 보리의 표정은 제사 지낼 때 가장 슬퍼 보였다. 누군가의 작은 일상이 재밌게 느껴진 건 처음이었다. 이래서 자신의 일상을 글로 쓰는가 싶다.

☑ 인물의 표정에서 감정을 읽어낸 점이 훌륭하다. 세연이의 눈썰미에 감

탄해. 그런데 왜 그 표정이 씁쓸하게 느껴졌는지 궁금해. 자신이 이해할 수 없는 일이 일어난 상황에서 비롯하는 불안함 같은 것이었을까? 선생님은 마지막 보리의 표정이 슬프기보다는 약간 불안하고 혼란스러운 것처럼 보였거든.

8

닿지 못할 편지

핸드폰이 아직 없던 초등학교 시절, 방학식 날이 되면 나와 친구들은 서로의 주소를 물어 수첩에 적어놓았다. 방학 동안 누가 얼마나 많은 손편지를 받느냐가 우리의 최대 관심사였다. 우리 집에서 제일 가까운 우체통에 편지를 넣으러 가려면 아파트 단지 밖으로 나가 횡단보도를 건너야 했기 때문에, 같은 단지 안에 사는 친구네 집은 직접 편지를 배달하기도 했다. 보안 장치가 마땅히 없는 옛날 아파트 로비에서 친구네 우편함을 찾아 편지를 넣고 오는 것은 식은 죽 먹기였다. 바로 엘리베이터를 타고 위층으로 가서 초인종을 누르면 친구의 얼굴을 마주할 수 있었을 때에도 나는 편지만 넣고 왔다. 그러한 은밀함이야말로 우리의 관계를 더욱 돈독하게 만들기라도 하듯이. 며칠 뒤에 온 친구의 답장은 그러한 비밀스러운 임무에 대한 보답이었다. 누군가 한 명이 전학을 가기라도 하면 서신은 계절에 상관없이 계속되었다. 시공간의 간격이 멀수록 편지의 애틋함은 오히려 더 깊어졌다.

채팅이나 SNS의 즉흥적 소통 방식에 익숙해지기 이전에 어린이가 가까운 이에게 손편지를 우편으로 보내볼 수 있는 기회가 더 많았으면 좋겠다. 학교나 기타 행사에서 하는 대통령, 시장, 군인 아저씨, 교장 선생님과 같은 '높은' 사람들에게 쓰는 편지 말고, 친구와 시간 차를 두고 서신을 주고받는 경험을 해보았음 좋겠다. 말과 말 사이의 기다림과 기다림 끝의 설렘을 충분히 느껴보았으면 좋겠다.

입말이 살아 있는 편지글은 어린이가 지루해할 수 있는 감상문 쓰기를 쉽게 접근하는 한 방법이 된다. 책이나 영화, 게임에서 좋아하는 캐릭터를 발견하면 어린이는 가만히 있지 않는다. 프로필을 바꾸기도 하고, 캐릭터가 그려진 굿즈나 이모티콘을 사고, 행동과 말투를 따라 하기도 하고, 공책에 그려보기도 하고, 속편을 직접 써보기도 하고… 그러다 정말 그 캐릭터가 있었으면 좋겠다고 생각한다. 왠지 그가 사는 세계가 어딘가에 있을 것 같다는 생각 말이다. 이대로 책을 덮고 원래의 세계로 돌려보내기엔 캐릭터와 함께한 시간들이 아쉽다. 남들은 이런 나를 '과몰입'했다고 하지만, 나도 알긴 안다, 그런 세계는 현실에 없다는 걸. 그런데 꼭 현실만 있어야 하나? 내가 응원하는 캐릭터와 만나는 상상도 내 세계의 일부 아닌가? 내가 오늘 밤 <진격의 거인>을 읽고 꿈속에서 리바이를 만난다면 그 꿈은 내 일상이 아닐까? <잉여특공대>를 읽고 유화에게 편지를 쓴다면, 그 편지는 내가 유화라는 인물과 맺은 관계의 증표일까, 아닐까?

내 동심을 박살낸 루피에게

김예영

루피야 안녕? 나는 예영이라고 해. 루피야 너는 뽀로로처럼 왜 동심을 심어주기는커녕 왜 내 동심을 박살내니? 내가 그동안 뽀로로를 보면서 심긴 동심이 얼만데 짤 하나로 내 동심을 개박살내냐고! 그러니까 왜 노래에 "안경빨 뽀로로 멸종된 크롱 해적왕 루피"가 들어갈 정도로 짤을 많이 만들어내는 거야? 불과 3년 전만 해도 난 〈뽀로로〉 볼 때 루피만 했어. 패티는 안 했다고. 그러고도 날 배신해?! 실망이야. 루피, 이건 경고야. 앞으로 짤 그만 만들어. 만들면 조금이나마 남아 있는 내 동심도 '뽀각' 하니까. 그럼 ㅂ2.

-예영이가

2021.6.26.(토)

☑ <뽀롱뽀롱 뽀로로>와 함께 자란 사람들에게는 이 동물 친구들이 단순한 EBS 캐릭터가 아니라 내 안에 무언가를 심어준 존재구나, 예영의 글을 읽고 느꼈어. 그중 비버 소녀 캐릭터인 '루피'의 얼굴에 눈썹이나 수염 따위를 그려 짤이 유독 많이 만들어지는 현상에 대해 한 기자가

어느 디자이너에게 그 이유를 물어봤는데, 루피 얼굴이 눈썹도 없고 머리카락이 없어서 활용하기 좋다는 대답을 했대. 말 없고 생각 없는 가상의 캐릭터인데 '활용'이라는 말이 왜 이렇게 불편할까, 기사를 읽고 궁금했는데 예영의 편지를 읽고 알게 되었어. 그 활용에는 잔털 없는 루피의 얼굴이 만들어냈던 '동심'들을 '뽀각' 하는 효과도 포함되어서 그런 거야. 그렇다면 예영의 이 편지는 루피에게 먼저 가야 할까, 루피를 가지고 장난친 사람들에게 가야 할까?

짱구에게

유시율

안녕 나는 시율이라고 해. 너를 TV에서 아주 잘 보고 있단다. 너희 가족은 참 별나구나. 꼭 내 친구들처럼. ㅎㅎ 네가 빡빡이인 건 아마도 너희 엄마가 주먹 돌리기를 하기 위해서일 거야. 우리 엄마는 등짝 스매싱을 날리거든. 참고로 나의 스킬도 등짝 스매싱이고, 돌고래, 주먹돌리기, 말싸움, 연기력 등등이 있어. 참! 그리고 나도 사고는 치지만 너 엄마 말씀도 잘 들으렴. 하여튼 엄마 말 잘 들으라고. 흰둥이도 좀 챙겨주고. 네가 맨날 밥을 안 챙겨줘서 굶어 죽게 생겼어. 불쌍한 흰둥이! 그리고 너희 아빠도 힘내시라고 해! 참, 짱아 말 잘 듣니? 우리 동생은 말을 하도 안 들어서 말이야. 휴... 그래도 말 잘 들을 때도 있긴 있어. 너희 가족 행복하게 살렴. 그리고 TV에서 별난 짓 좀 해봐. 그럼 안녕!

2021년 6월 26일

시율이가

☑ 편지로 시작했지만 은근한 놀리기와 잔소리가 들어 있는 시율의 편지

를 진짜 짱구가 읽게 된다면 어떻게 반응할지 궁금하다. 수업 중에 시율이가 편지를 얼마나 맛깔나게 읽었던지 지금 이 글을 다시 읽으면서도 시율 목소리가 음성지원이 되고 있어...

포에게 편지 쓰기

곽진호

나는 이번 시간에 영화 주인공에게 편지를 쓰려고 한다. 영화는 〈쿵푸팬더〉이며 내가 재밌게 봤던 것 중 하나다. (참고로 〈쿵푸팬더〉 영화는 시리즈로 총 세 편인데 나는 세 편 다 보았다. 심지어 3편은 그날 보고 썼다.) 〈쿵푸팬더〉의 주인공은 포이다. 포에게 편지를 써보려 한다.

포에게

안녕? 포야, 난 진호라고 해. 나는 오래전부터 〈쿵푸팬더〉를 봐야겠다고 생각했지만 다른 생각들에 묻혀 지금에서야 보게 되었어. 〈쿵푸팬더〉를 보니까 재밌고 다시 보고 싶었어. 네가 멋지게 활약하는 모습을 보니까 말이야. 처음에는 어설프고 동료들이 싫어했지만 너는 열심히 노력해서 결국엔 이루었어. 나는 노력을 해야겠다고 생각했지만 하지 못했어. 하지만 포는 해냈어. 나도 계획이 있으면 실천을 해야겠다고 생각해. 계획은 껍데기이고 실천은 알멩이니까 말이야. 나는 너를 보며 많은 것을 느꼈어. 그래서 나는 앞으로 노력해야겠어. 너는 재밌고 자신감이 있어. 나는 자신감이 없지. 하지만 이제는 나도 자신 있어지기 시작했어. 분명 이 글을 쓰기 전까지만 해도 어떻게 쓰나 고민했는데. 너는 나에게 많은 깨달음을 주었어. 나는 네가 그곳에서 행복했으면 좋겠어. 나도 이제 너처럼 용감하고 자신감 있게 더욱 노력하며 살겠어. 고마워, 안녕.

포가 고마운 진호가

-2021/6/26

추신: 영화가 만약 또 나온다면 재밌게 볼게.

- [x] 진호가 포와 자신을 비교하는 대목은 크게 두 가지야. 첫째, 노력을 해서 하고자 하는 일을 이루는 것, 둘째, 자신감을 갖는 것. 첫 번째 것은 진호에게 앞으로 해야 할 일로 자리 잡은 듯하고 두 번째 것은 글을 쓰는 와중에 습득하고 있네. 나의 변화를 기록하는 감상문이 되었어.

『달 아래 어린 신부』를 읽고

김선우

까밀에게

안녕! 나는 선우라고 해. ^^ 까밀 너의 이야기가 있는 『달 아래 어린 신부』를 읽고 나는 너무 마음이 아팠어! 아프리카, 아시아 일부 지역에 사는 열 살 여자아이들이 결혼을 한다는 이야기를 듣고 더 깜짝 놀랐어. 어린 나이에 결혼하면 학교도 못 다니고 친구들과 놀지도 못해서 꿈을 이룰 수도 없을 텐데 상상만으로도 너무 슬픈 것 같아. 까밀 너의 꿈이 의사라고 했는데 가정 형편이 어려워서 꿈을 포기하고 얼굴도 모르는 나이 많은 아저씨랑 결혼하기로 한 건 정말 말도 안 되는 일인 것 같아. 하지만 남은 가족을 살려야 하는 너의 책임감은 대단해. 그리고 어쩔 수 없는 현실에 놓인 너의 모습을 상상하며 내가 너를 도와주고 싶다는 생각이 들었어. 그런데 마침 극적으로 결혼식날 따로 살던 엄마의 도움으로 또래 친구들처럼 평범하게 생활할 수 있게 된 걸 축하해. 까밀~ 꼭 열심히 공부해서 멋진 의사가 되길 바라! 나도 열심히 공부해서 어려움에 처한 친구들을 도울 수 있는 멋진 사람이 될게! 세계 어딘가에서 안전하게 지내지 못하고 교육도 받지 못하는 친구들이 권리를 누릴 수 있는 그날이 빨리 오게 우리 같이 노력하자!

- [x] 선우는 좋은 책들을 다양하게 읽고 책 속 인물에게 공감을 잘하는 것 같아. 선생님도 어릴 때 『인도의 딸』이라는 책을 읽고 충격 받았던 게 생각나. 거기 나오는 소녀가 어린 나이에 자기만큼 어린 소년이랑 결혼해 소년이 일찍 죽고 그 가족들로부터 버림받았거든. 꿈을 꾸는 건 아이에게 정말 자연스럽고 편안한 일인데 그것조차 할 수 없는 아이들과 같은 시공간을 살고 있는 우리는 그 아이들을 위해 무엇을 해야 할까?

만화 캐릭터에게 편지쓰기

조율

내가 편지를 쓸 주인공은 바로 〈진격의 거인〉 '리바이'이다. 진짜 내 생각에는 주인공보다 리바이가 더 멋진 것 같다. 리바이는 멋지고, 카리스마도 있고, 거인도 잘 잡는 만, 능! 캐릭터이다.

리바이야, 너는 못 잡는 거인이 있니? 진짜 멋진 것 같아. 아직 〈진격의 거인〉을 다 보지 않아서 그런데 너가 절대 죽지 않았으면 좋겠어. 절대 죽지 마!

<진격의 거인>이 2009년부터 일본에서 연재되었으니까 율이보다도 먼저 태어난 셈이네. 에렌 예거가 남자 주인공이지? 율이 그림 그려서 보여준 리바이 제법이더라. 그림 실력이 느는 데에는 좋아하는 작가의 그림이나 캐릭터를 따라 그리는 것만큼 좋은 방법이 없는 것 같아.

[편지] 잉특 유화에게

박민서

안녕, 나는 민서라고 해. 언니는 너무 예쁘고 착해. 그리고 남친도 잘생기고 착해. 그리고 특공대인 것도 너무 멋져. 진짜진짜 너무 완벽한 것 같아. 나도 그렇게 되고 싶어. 그리고 태극 커플(유화, 수형)도 너무 좋지만 나는 꿀벌 커플(아리, 현민)도 좋아. 그냥 내가 그 세계로 들어가고 싶어. 그리고 멋지게 괴물들과 싸우는 게 멋져. 웹툰 매주 잘 볼게. 안녕.

민서가

2021년 6월 20일

☑ 유화 언니를 향한 팬심을 조금도 숨기지 않는 민서의 편지! 만화의 내용도 모르는 독자들을 위해 '잉특'이 '잉여특공대'의 줄임말이라는 것과 그녀와 다른 인물들이 어떤 일을 하는 인물인지도 담겼으면 좋았을 것 같아.

캐릭터에게 편지쓰기
-전천당 주인 베니코 아주머니께

김세연

안녕하세요, 베니코 아주머니? 저는 전천당을 사랑하는 세연이에요. 언제나 아이, 어른 가릴 것 없이 맛있게 먹는 과자들을 꼭 먹어보고 싶었어요. 꼭 행운의 손님이 되고 싶은데 지금 코로나19 사태로 여행을 갈 수 없어 전천당의 행운의 손님이 될 수 없답니다. 백신을 맞고 가고 싶어도 중학생부터 백신을 맞을 수 있대요. 그래서 제가 가지 못하니 아주머니가 와주시면 안 될까요? 2권까지 나온 과자들 중 붕어빵 낚시와 인어젤리를 꼭 갖고 싶은데. 안 된다면 코로나가 끝날 때까지 기다렸다 가겠습니다. 예비 행운손님 세연이가 갈게요, 조금만 기다려주세요. 전천당 과자가게를 사랑하는 세연이가.

☑ 세연이 편지는 세연이 이름 앞에 세연이를 설명하는 수식어가 꼭 들어가. 받는 사람에게 세연이가 어떤 사람인지 정확하게 알려주고 싶은 마음이 담겨 있어. 세연이가 동화 『이상한 과자가게 전천당』(히로시마 레이코, 길벗스쿨)의 세계를 열심히 설명해주어서 선생님도 1권부터 읽어보고 싶었는데, 세연이는 지금 몇 권을 읽고 있으려나.

9

내 친구를 칭찬합니다

우리 주변에는 함께 수업을 듣거나 놀거나 시간을 보내는 친구들이 있다. 그중에서는 내가 아직 잘 모르는 친구도 있을 것이고, 조금 어색하지만 친해지고 싶은 마음이 드는 친구도 있을 것이고, 언제나 가까이서 나의 곁을 지켜주는 든든한 친구도 있을 것이다. 그런데 우리는 주변의 친구들에게 관심을 갖고 있는 만큼 충분히 그 마음을 표현하지 못하고 지내는 경우가 많다. 누군가를 더 깊이 알아가고 가까워지기 위해서 할 수 있는 일은 무엇이 있을까?

이번 글방 수업에서는 내가 좋아하거나 친해지고 싶은 친구들을 떠올리며, 친구에게 말해주고 싶은 친구의 장점을 써보는 시간을 가졌다. 이때 규칙이 하나 있다. 되도록 눈에 보이는 것이 아니라 눈에 보이지 않는 것을 발견해 칭찬하기.

예를 들어 친구가 어떤 외모를 가졌는지, 어떤 물건을 가졌는지, 성적이 얼마나 좋은지와 같은 것들은 쉽게 겉으로 드러나는 사실이다. 하지만 우리는 이런 것들 말고, 친구와 함께 시간을 보내거나 친구에게 관심을 기울여야만 알 수 있는 장점을 생각해보려 했다. 겉으로는 차가워 보이지만 친구가 얼마나 따뜻한 마음씨를 가졌는지, 가끔 툭툭 내뱉는 친구의 말장난이 얼마나 나를 즐겁게 만들어주는지, 남들은 잘 모르지만 내가 보기에 친구의 그림 그리기나 노래 실력이 얼마나 멋진지. 그렇게 잘 보이지 않는 장점을 찾아낸다면, 어쩌면 세상을 바라보는 또 다른 내면을 가지게 될 수도 있을 것이다.

칭찬하기

조율

제가 칭찬할 친구는 시후입니다. 왜냐하면 항상 기분 나빠하지 않고 긍정적이기 때문입니다. 게임은 못했었지만 열심히 하는 노력파 친구인데도 요즘은 저랑 실력이 비슷합니다. 저한테 가끔 라면도 사주고 아이스크림도 주는 착한 친구입니다. 근데 요즘에는 코로나 때문에 많이 못 만나서 참 아쉽습니다.

☑ 시후는 노력파이고, 율이는 실력파인 건가? :) 시후가 율이만큼 게임을 잘하게 되니 이를 칭찬하는 율이의 마음이 참 보기 좋다. 시후의 긍정적인 성격은 율이가 시후와 오래 함께 친구로 지낸 사람이니까 알 수 있는 걸 거야.

내 친구 시율, 민서에게

김예영

안녕 얘들아? 맨날 보는데 얘기 말고 편지로 쓰는 까닭은 안 비밀이고 쨌든 시작할게. 안녕 얘들아? 난 예영이라고 해. 알지? 오늘은 유감스럽게도 너희를 칭찬하는 시간을 가지도록 하겠어요. 먼저 민서부터 하겠어. 1. 화를 잘 안 냄 2. 내 말을 귀 기울여 들어줌 3. 같이 공감해줌. 그리고 시율 차례 1. 어려울 때 도와줌 2. 같이 공감해줌 3. 힘내라고 응원해줌. 자 지금까지 내 친구들을 칭찬해 봤습니다. 그렇게 보이진 않더라도 좋은 친구들이니 많이 욕하진 마세요~^^

- [x] 예영이가 시율이와 민서에게 가끔 장난스럽고 짓궂게 대하더라도, 이 글을 보니 예영이가 시율이와 민서를 얼마나 좋아하는지, 또 시율이와 민서가 얼마나 좋은 친구라고 생각하는지 잘 느껴져. 아마 예영이도 친구들이 가진 장점들을 가진 사람이기 때문에 셋이 더욱 돈독한 사이가 아닐까 싶어. :)

조율의 집중력

김세연

지난 걸음글방 시간에 편지 쓰기를 했었다. 그때 율이가 자신이 편지를 쓴 리바이를 알리기 위해 예전에 그린 그림을 보여주었다. 그때 정말 잘 그리고 자세히 그리기 위해 관찰하고 끈기있게 잘해 집중력도 좋다며 칭찬을 해주고 싶었다.

율이는 그림을 잘 그린다.

3학년 때 율이와 같은 반이었는데 미술 시간에 율이가 집중하여 열심히 그림을 그리고 있는 것이 보였다. 그렇게 열심히 집중하며 그린 작품들은 정말 멋졌다. 화려하고 그림에 스토리가 담겨 있는 것 같았다. 저번에도 율이가 글방시간에 〈진격의 거인〉 '리바이'를 그린 것을 보여주었는데 정말 집중하여 똑같이 그리려고 애쓴 티가 날 정도로 비슷하게 그렸었다. 이것으로 알 수 있듯 율이는 그림도 잘 그리고 집중력도 뛰어나다는 것을 알 수 있다.

이렇게 율이의 뛰어난 집중력을 칭찬해보았다. 때때로는 율이의 집중력과 그림 실력이 부러울 때도 있지만 나의 장점도 분명히 있고 각자의 뛰어난 분야가 있으니 지금 이대로도 나는 만족한다.

- [x] 세연이는 글방 시간에도 친구의 장점을 찾아낼 줄 아는 눈썰미와 따뜻한 마음씨를 가졌구나. 그림을 잘 그린다는 거는 겉으로 보기에도 알 수 있는 내용이지만, 그 그림을 보며 율이의 집중력이 좋다는 점을 칭찬한 점이 훌륭하다고 생각해. 겉으로는 알아보기 어려운 집중력을 찾아내 칭찬한 세연이에게도 칭찬을 해주고 싶다.

친구들의 보이지 않는 장점

곽진호

나는 9명의 친구들이 있다(친구는 더 있지만 지금은 안 만나서 만나는 친구들 위주로 썼다). 나처럼 6학년이고, 영어학원(전부 다 영어학원에 다닌다) 친구들이다. 2명은 다른 학교 친구이다. 2명은 같은 반이지만 나머지는 다른 반이다. 4명은 수학학원도 같이 다닌다. 1명은 나처럼 기타학원을 같이 다닌다. 기타학원 다니는 친구는 나랑 같은 반이다. 수학학원에 다니는 친구 중 1명은 다른 학교 친구이다. 우리는 모두 성이 다르다. 내 친구들의 이름은 권태희, 조정환, 안준휘, 황대륜, 최예원, 정현지, 김민우, 복정민, 원성준이다.

권태희와 황대륜은 나와 다른 학교다(나머지는 다 같은 학교). 민우는 기타학원을 같이 다닌다.(시간대가 달라서 기타학원에선 만난 적이 없다.) 복정민, 최예원, 권태희, 조정환은 나랑 수학학원을 같이 다닌다. 정현지, 김민우는 나랑 같은 반이다.

먼저 태희를 소개하겠다. 태희는 공부를 잘한다. 그런데 가끔 엉뚱한 질문을 하기도 하고 자잘한 실수를 많이 한다. 그런데 시험을 잘 본다. 영어학원에서 예비중 월말평가를 했는데 나와 공동 1등이다. 또 수학도 잘한다. 또 웃기고 재미있어서 좋다.

다음은 최예원이다. 예원이도 공부를 잘한다. 그런데 실수를 많이 한다. 그래서 시험보다는 공부할 때 더 잘한다. 예원이도 수학을 잘한다. 내가 보기엔 계산을 잘하는 것 같다.

조정환은 무엇이든 끝장을 보는 것 같다. 열정적이고 너무 나댄다. 공부한다고 마음먹으면 공부를 잘할 것이다.(키가 엄청 크다. 수학학원 선생님보다 키가 더 크다. 점프를 안 하고도 키가 닿아서 천장을 만질 수 있다.)

원성준은 정환이에게 까불다가 당한다. 재미있고 많이 끼어든다. 잘하지만 실수도 그만큼 많다.

정현지는 밝다. 그리고 잘 웃는다. 매우 밝다. 예원이와 친구다.

황대륜은 조용하다. 영어학원에서 볼 때마다 고개를 숙이고 있다. 내성적인 것 같다. 열심히 공부한다.

김민우는 활발하다. 학교나 영어학원에서도 많이 까불고 나댄다. 착하지도 나쁘지도 않은 중간인 것 같다(김민우는 나랑 컴퓨터 방과후도 같이 다녔지만 지금은 안 다닌다. 자격증 따는 게 싫은가 봄).

준휘는 옛날에(코로나 없을 때, 다른 반 되기 전에)는 많이 만나고 놀았다. 내가 엄마가 독서동아리 하는 것을 보고 코로나 전에(5학년쯤에) 보드게임 동아리를 만들었는데 많이 참여해주었다. 적극적인 것 같다.

마지막으로 복정민이다. 정민이는 학교에서 적극적이다. 학원에서는 조용하다. 얼마 전에 태희가 정민이를 툭 치고 갔는데 태희가 도망가자 계속 쫓아갔다. 나는 정민이가 태희를 쫓아가고 그 옆에 정환이가 달려가는 모습만 보고 집에 와서 정확히는 모르지만 조용해도 끈질긴 것 같다.

오늘 이렇게 주제에 맞게 글을 써보았는데 고민이 많이 되었다. 친구도 많이 적어서 걱정됐는데 다행히 잘 풀렸다. 오늘 이렇게 친구들의 장점을 더 생각해보고 떠올리게 해줘서 기쁘다.

-2021/07/31

☑ 진호 주위에 이런 멋지고 재미있는 친구들이 많다니 부러운걸! 친구들을 관찰해보고 친구들의 장점을 하나하나 떠올려보는 일이 진호에게 기쁜 일로 느껴졌다니 감동이야. 누군가의 장점을 찾아내고 기뻐하는 진호의 마음이야말로 진호의 정말 멋진 면이 아닐지. 선생님은 진호를 칭찬하고 싶네!

친구들의 장점

박민서

예영이의 좋은 점은 항상 밝고, 착하고, 자신감 있고, 웃겨서 항상 사람들을 재미있고 밝고 기분 좋게 만든다. 또 시율이는 자신감 있고, 자기 주장이 강하고, 고집(..치..칭차..아~안?ㅎㅎ..) 있어서 자신의 상황과 감정을 잘 표현한다. 그리고 우리 반 여자 반장인 다인이는 힘든 일이 있어도 잘 버티고, 친구들을 잘 챙겨 준다. 그리고 우리 반 여자 부반장이고 내 친구인 지혜는 착하고, 힘도 세고, 키도 크다. 지금까지 나의 친구들의 '장점'만 소개해봤다. 단.점.도. '증.말'.많.다.하.하.하(다인이, 지혜 단점은 모름).

- 민서가 칭찬하는 걸 좀 낯간지러워하는 게 느껴지네! 그래도 선생님은 이 글에서 민서가 예영이와 시율, 다인이와 지혜를 얼마나 아끼고 좋아하는지 충분히 느껴져. 친구들 각각의 특징을 다르게 포착하고 있는 것도 민서의 관찰력이 얼마나 좋은지 보여주는 것 같아.

친구를 칭찬하는 글

김선우

내 친구 최지안(AURORA)를 소개합니다~! 같은 반은 아니었지만 영어 유치원에서 만나게 된 친구이다. 통통하고 귀엽고 뭔가 마음이 넓어 보이는 모습의 친구! 항상 적극적으로 영어를 사용하고 숙제도 잊지 않고 잘 챙겨서 해 오고 친철하다. 초등학생이 되면서 같은 반이 되었고 조금씩 지안이를 알게 되었는데 알면 알수록 귀엽고 착하다. 우리가 토플 시험을 준비하고 함께 시험을 봤을 때도 지안이는 아쉽게 한 개를 틀렸지만 나에게 진심으로 축하를 해줬다. 그리고 얼마 전에 화상 영어 개인 수업 선생님도 나에게 소개해줬다. 엄마가 말했는데 선생님 소개해주는 것은 쉬운 일이 아니라고 했다. 그만큼 나를 아껴주는 것 같고 생각해주는 것 같아서 고맙다. 눈으로 볼 수는 없지만 지안이의 마음을 나는 느낄 수 있다. 오래오래 함께 영어학원에 다니면서 지금보다 더 친하게 지내고 지안이에게 나도 좋은 친구로 영원히 기억되었으면 좋겠다.

☑ 지안이처럼 친구와 좋은 것을 진심으로 나눌 줄 아는 친구가 있다니! 선우도 지안이에게 그런 친구였을까? 눈으로 볼 수 없지만 느낄 수 있는 것들의 소중함을 선우가 계속 기억했으면 좋겠어. 조금 부끄럽겠지

만 지안이에게 이 말을 직접 해준다면 지안이도 정말 감동할 것 같네. 눈으로도 보이지 않는 것을 볼 줄 아는 '마음의 눈'이라는 말이 있듯이, 선우도 그런 마음의 눈을 소중히 간직했으면 좋겠어. 지안이와 선우가 좋은 것을 진심으로 나눌 줄 아는 친구로 오래 남기를 바라.

친구의 보이지 않는 모습

유시윤

나는 예영이랑 민서랑 엄청 친했다. 어린이집 때부터 알았지만 어린이집 때부터 친한 것은 아니다. 예영이가 처음 어린이집 왔을 때는 엄청 소심했는데 그때 나는 지금도 아주 적극적이고 활발하지만 아무것도 몰라서 그냥 "선생님 저 핑크 색깔 스티커 주세요"라고 그냥 당당하게 말하고 그리고 "선생님 저 오이 싫어요"라고 친구들 앞에서 말하고 다녔다. 그래서 그걸 본 예영이는 '저 친구 대단하다'라고 생각을 했다고 한다. 어떻게 친해졌는지는 까먹었지만 지금은 예영이도 활발하다. 참고로 이 이야기는 예영맘이 직접 이야기해주셨다. 그리고 친한 절친 민서도 있다. 민서는 언뜻 보면 공부 잘하는 모범생 소심한 것 같지만 의외로 활발하고 힘이 세다. 우리 중에서도 가장 힘이 쎈 민서 놀랍고 든든하다. 마지막으로 "민서야 오빠들을 제거해줘서 고마워."

☑ 시윤, 예영, 민서는 서로 칭찬하는 글을 써 와서 보기 좋네. 시윤이 글에는 예영이랑 민서의 성격뿐만 아니라 시윤이의 성격도 드러나서 재미있어. 시윤이의 활발하고 적극적인 성격이 예영이와 민서에게 옮겨

간 것 같기도 하다. 시율이도 마찬가지로 예영이나 민서의 성격과 닮아 갔을 테고. 민서가 시율이한테 "놀랍고 든든하다"라고 칭찬받으면 기분이 정말 좋을 것 같네. 선생님은 시율이도 참 놀라워!

10

나는 왜 유튜브를 알아가지고

유튜브(YouTube)는 동영상을 함께 올리고 볼 수 있는 구글 회사의 일부 서비스다. 2005년 미국에 사는 채드 헐리, 스티브 첸, 조드 카림 세 사람이 처음 만들었을 때만 해도 아주 작은 사이트에 불과했다. 우리나라에는 비교적 늦은 2008년에 소개되었는데, 인터넷 실명제를 적용하라는 한국 정부의 요구에 화들짝 놀라 다시 철수하기도 했다. 2010년대 초반까지도 유튜브에는 스포츠 경기나 뮤직비디오, 영화 예고편 등이 주로 올라왔지, 일반인이 영상을 찍어서 올리는 일이 흔하지는 않았다. 천상의 목소리로 노래를 부르거나, 1분 만에 라면 한 그릇을 다 먹는 능력이 있지 않은 이상 말이다. 그러나 지상파 텔레비전에서 틀어주는 대로가 아니라 컴퓨터나 핸드폰으로 언제 어디서든지 영상을 찾아 볼 수 있다는 점이 점점 사람들의 일상을 바꾸기 시작했다. 딱 10년 뒤에 유튜브는 한국인의 절반이 이용하는 서비스가 되었다. 식당에 앉아 유튜브를 보고 있는 아기를 보면 가끔은 아빠나 엄마보다 유튜브가 더 아이를 잘 돌보는 것 같기도 하다.

유튜브로 영상 콘텐츠를 만들어 올리는 사람을 '크리에이터'라고 한다. 크리에이터는 게임, 음식, 패션, 영화, 음악 등 다양한 분야에서 나올 수 있다. 어떤 콘텐츠를 주로 할지 따로 정하지 않고 자신의 일상을 올리면서 찬찬히 방향을 정하는 사람들도 있다. 크리에이터가 되는 목적은 다양하다. 나의 일상생활을 기록하면서 동시에 낯선 사람들과 소통하고 싶은 마음도 있고, 내가 잘 아는 정보를 남들에게 알리고 싶은 마음이 있을 수도 있다. 어떤 사회 문제에 대해 목소리를 내고 싶을 수도 있다.

물론 크리에이터가 되는 가장 큰 목적은 수익을 얻기 위해서다. 내가 올린 영상이 조회수가 높아지고 구독자가 많아지면 시청자들을 상대로 상품을 홍보하고 판매할 수도 있다. 꼭 물건이 아닐 수도 있다. 내가 어떤 활동을 계속할 수 있게(예를 들어 글쓰기) 돈을 모아달라고 시청자들에게 부탁해 후원금을 받을 수도 있다. 채널이 더 커지면 나뿐만 아니라 다른 사람들도 내 채널에 출연하거나 내 채널에서 상품을 팔고 싶어 할 것이다. 그러면 그걸 허락해주고 그들에게 돈을 받을 수도 있다. 실제로 구독자가 몇 명 이상이 되면 유튜브가 그런 사람들을 직접 구해준다.

그러나 말처럼 쉬울까? 유튜브로부터 직접 광고를 제안 받으려면 구독자 1000명에 4000시간 이상 시청 기록이 있어야 한다. 또 내가 직접 영상을 찍고 편집해서 번 돈이지만 다 가질 수는 없고, 그중 절반은 구글에 돌려줘야 한다. 이렇게 어려운 일이라서 유튜브로 돈을 벌기 위해 사람들은 조금이라도 더 많은 조회수, 더 많은 구독자를 바라게 된다. 그런데 그러다 보면 어린이들이 봐서는 안 될 것과 다른 이들이 들으면 불쾌한 얘기들까지 마구 만들어진다. 그런데 이를 막지 않고 다른 영상들과 섞이다 보니 무엇이 좋은 것이고, 나쁜 것인지 보는 사람도 헷갈리게 된다.

그런 유튜브의 세계에 구명조끼 없이 홀랑 빠져버렸으니 어른들이 걱정할 만도 하다. 혼자 '나쁜' 영상을 알아서 척척 걸러내고, 그런 걸 보더라도 에이 뭐야, 하고 꺼버릴 수 있는 어린이는 없다. 대신 함께 보고 얘기를 나누면서 어린이는 점점 알아차릴 수 있다. 무엇이 우리에게 이롭고 해로운 콘텐츠인지, 내가 좋아했던 유튜버가 바른 말을 하는지 틀린 말을 하는지, 내 친구들은 어떤 채널을 챙겨 보는지. 이번 주는 그런 얘기를 더 했으면 했다.

내가 보는 유튜브 채널 소개

유시율

이번 주 주제는 '내가 보는 유튜브 채널 소개하기'이다. 평소 내가 보는 유튜브 영상들이 너무 많아서 유튜브를 뒤지며 열심히 골랐다. 바로 '옐언니'이다. 평소 재미있어서 자주 보았다. 그러다가 옐언니에게 빠지고 말았다. 사실 옐언니가 처음부터 유튜브를 한 것이 아니라 원래는 틱톡을 찍는 틱톡커였는데 우연히 대박을 쳐서 틱톡 스타가 돼서 점점 유명해져 유튜브도 찍고 자기가 만든 콘텐츠로 더욱 인기가 많아지고 있다. 그런데 안 좋은 점은 가끔 욕을 한다는 것이다. 그래도 욕을 할 때는 "삐!!!!!!" 소리와 함께 욕은 들리지 않는다. 그래서 나는 별로 신경 쓰지 않는다. 그리고 좋은 점은 옐신율이라고 옐언니, 신사장, 유링딩 이렇게 '찐' 절친인데 친구들이랑 같이 게임, 놀이를 하는 모습이 재미있고 활발해서 너무, 너무 좋다.

- [x] 이번 주 글방 친구들에게 어떤 영상들을 소개할까 고민하는 시율의 모습이 상상되네. 옐언니, 신사장, 유링딩 세 사람이 친하게 지내는 모습에서 시율도 민서, 예영과 어울려 노는 자신을 발견한 걸까.

내가 보는 유튜브 채널

곽진호

내가 보는 유튜브 채널은 8개이다. 내가 이렇게 많이 보는 이유는 돌려 보기 때문이다. (예를 들어 한 채널을 보다가 다른 채널을 보곤 한다.) 이 중 하나만 소개하면 내 기분이 별로여서 다 소개할 것이다.

첫 번째는 '만두민'이다. 내가 만두민을 보는 이유는 만두민에 스크립트* 강좌하고 마크서버 강좌**가 있기 때문이다.

다음은 '잠뜰 TV'이다. 신박한 콘텐츠가 많아서 많이 보고 있다. 요즘은 마인크래프트 영상만 올리는데 여러 가지 게임 영상도 있다. 잠뜰이랑 멤버들이 했던 '뜰로그'도 있다. 잠뜰이 '픽셀리(잠뜰, 수현, 라더, 각별, 공룡)'를 만들었다. 근데 요즘 콘텐츠는 각별 말고 덕개가 자주 나온다.

세 번째는 '최케빈'이다. 최케빈은 콘텐츠가 참 많다. 영상들이 많고 참신해서 좋다. 최케빈은 '마피아크루(연비, 라미, 빛솔, 케빈, 뽀글, 씨엔)'를 만들었고 '역겨움' 콘텐츠를 보면 씨엔이 만든 콘텐츠가 많다. 씨엔은 과거 콘텐츠팀이었다고 한다. 그래서 그런

* 일종의 프로그래밍언어이다. 예를 들어 자바(java, 마인크래프트를 만들 때 쓰는 언어)나 C++ 언어 같은 것이다. 만두민은 스크립트를 마인크래프트에 적용했다.

** 프로그래밍언어로 마인크래프트 서버를 만들고 꾸미거나 하는 강좌이다.

지 커맨드를 잘 다룬다. (좋겠다. 나도 잘했으면 좋겠다.)

네 번째는 '본'이다. 브롤스타즈 고수로 임포스터의 주장이다. 게임을 진짜 잘하는 것 같다. 현재 16세이다.

다섯 번째는 '마플'인데 채널이 2개다. '마인크래프트' 채널과 '마플의 잡다한' 채널이다. 더 있지만 2개만 하겠다. 마플은 하늘섬의 비밀 제작자다. 나는 안 해봐서 모르겠는데 재밌을 듯. 마인크래프트 채널은 보통 3분이고 1, 2분짜리도 있다. 간단하지만 재밌다. 잡다한 채널은 마크 외에 게임이다. 다 10분 이상이다.

이번엔 '1분만'을 소개하겠다. 동영상이 다 1분이다. (소름) 다른 동영상들, '5분만' 같은 경우 조금 넘지만 이 시리즈는 안 끝났어도 그냥 1분에서 끊어버린다.

다음은 '르마'다. 르마, 잠뜰, 최케빈, 만두민은 모두 마인크래프트를 한다. 르마는 잠뜰TV, 최케빈TV에 나온 적이 있다. 그만큼 유명하긴 하다. 르마는 마크 하드코어 스피드런* 세계랭킹 1위이다. 그리고 '꿀팁' 영상이 많아서 도움이 된다.

마지막으로 '사나고'다. 사나고는 구독자 수가 293만 명이다. 잠뜰TV(구독자 수 194만 명)와 구독자 수가 100만 명 정도가 차이가 난다. 사나고는 3D펜 장인으로 3D펜을 아주 잘 쓴다. 그래서 게임이나 영화에서 나오는 무기나 또는 아무거나를 3D펜으로 만든다. 나도 3D펜 써봤는데 쓰기가 힘들다.

* 스피드런은 게임을 최단시간으로 클리어하는 기록 경쟁을 말한다.

오늘은 내가 1개 말고 8개의 유튜브 채널을 소개해봤는데 재미있었다. (어제 레고하느라고 글을 못 써서 오늘 씀)

2021/7/10

진호가 씀

☑ 시율이 유튜브를 뒤지며 소개할 채널을 열심히 고르는 동안 진호는 자기가 보는 여덟 개 채널을 하나씩 쓰고 있었네. 게임 영상이 낯선 독자들을 위해 각주를 직접 달아서 설명하는(선생님이라면 '커맨드' 같은 것도 각주를 달았을 것 같아) 모습에서 독자가 내가 좋아하는 것들을 정확히 알았으면 하는 마음이 보여.

잠뜰님 최고~!

박민서

나는 잠뜰님을 좋아한다. 그래서 '잠뜰tv'를 소개하겠다. 난 잠뜰님을 좋아하기 때문에 '뜰팁'과 '패러디'도 자주 본다. 그리고 잠뜰님은 1일 1영상을 올리신다. 그리고 잠뜰님, 라더님, 수현님, 공룡님, 각별님이 모인 그룹(?) 이름이 픽셀리이고 자주 나오지만 픽셀리가 아닌 덕개님을 짭셀리라고 부른다. 그리고 잠뜰tv엔 각별님 대신 덕개님이 더 자주 출연하는 것 같다. 그리고 잠뜰tv 시청자 중엔 어른도 많다. 왜냐면 어릴 때 보다가 계속 보는 경우가 많기 때문이다. 내가 생각하는 잠뜰tv의 좋은 점은 재미있게 해주시고 가끔씩 시청자 참여가 있는 것, 1일 1영상을 올리시는 것이다. 안 좋은 점은 가끔씩 욕(안 센 욕)이 나오는 것이다.

☑ 잠뜰은 도티, 대도서관처럼 선생님도 이름을 들어본 유튜버인데 민서 글을 읽고 생각해보니 잠뜰이 더 이상 초등학생 사이에서만의 '초통령'으로만 불리기 어렵겠구나. 재미, 시청자의 참여 유도, 활발한 콘텐츠 제작, 욕이 없는 것. 이런 것들이 너희가 주로 유튜버들에게 바라는 부분이라는 점도 잘 알았어.

유튜브 소개하기

조율

제가 소개할 유튜버는 '핫소스'입니다. 구독자는 59.4만 명이고 콘텐츠는 몰카, 장난, 대결 등 여러 가지가 있습니다. 그 유튜버의 좋은 점은 재미있고, 스트레스가 풀리고, 여러 가지로 좋습니다. 그 유튜버의 안 좋은 점은 욕이 가끔 나온다는 겁니다. 하지만 전 이 유튜버가 가장 좋습니다. 이 유튜버의 등장인물은 성순, 혜성, 형주, 선웅 등이 있고 가끔 현종도 나옵니다.

☑ 율은 이미 자기 채널이 있는 유튜버이니 이런 것들을 생각해봤겠지. 나는 그냥 재밌어서 본 콘텐츠가 다른 사람에게는 별로 재밌지 않거나, 오히려 상처를 안기는 경우가 종종 있어. 그것은 그냥 취향의 차이일까, 좋은 유튜버와 나쁜 유튜버의 차이일까. 누군가는 보기 싫으면 안 보면 그만이지 않느냐고 할 수 있지만, 그 사람에게 상처를 안긴 말들이 그 유튜버를 재미있게 본 다른 사람들에 의해 또 반복된다면 어떻게 할까. 참 어렵다, 그치?

유튜브 채널 소개하기

김세연

요즘 초등학생 3~6학년은 거의 대부분 YT를 본다. 나도 YT를 보다가 더 이상 볼 게 없을 때 친구들에게 추천을 받았는데 오늘은 내가 걸음글방 친구들을 위해 추천해준다.

내가 추천하는 채널은 '웃소'라는 채널이다. 웃소는 비속어와 폭력적인 행동을 하지 않는다. 그래서 다른 채널과 달리 아예 비속어를 쓰지 않아 다른 채널보다 정신적으로 건강하다. 요즘 유튜브를 보면 많은 채널이 비속어를 써 학생들이 듣고 배우게 되어 더욱 질이 나빠지기 때문이다. 그러니 재밌고 깨끗한 웃소를 보면 다른 채널보단 영양가 있는 영상을 볼 수 있다. 그리고 단점이 없는 관계로 '김원팔'이라는 또 다른 채널의 단점을 소개한다. 김원팔은 비속어를 정말 많이 쓰는 편에 속한다. 그래서 학생들에게 추천하기엔 많이 그렇다. 비속어가 많이 나와 학생들이 따라하면서 질이 나빠지기 때문이다.

이렇게 내가 보는 채널을 소개해보았다. 나중에 볼 게 없어 심심하다면 웃소의 '오늘 하루만 영업합니다'와 '피하기 시리즈'를 보면 좋을 것이다.

☑ 'YT'는 유튜브(youtube)의 준말이지? 이렇게 쓰자고 다 같이 합의된 적은 없으니 "'YT'(유튜브)" 뭐 이렇게 쓰면 돼. 많은 친구들이 자기가 보는 유튜브 채널의 단점으로 욕을 꼽았는데, 세연이는 한 걸음 더 나아가 유튜브에서 비속어를 쓰는 게 왜 나쁜지에 대해서 짧게 고민을 해 보았네. 맞아, 매일같이 보는 유튜브에서 욕을 듣다 보면 일상적으로 쓰는 말들과 비속어의 차이가 거의 없어질 거야. 또 우리가 쓰는 많은 욕들에는 장애인이나 여성, 동물 등 다른 누군가를 얕잡아 보는 뜻이 담겨 있어. 그런 것도 생각해볼 수 있겠지.

내가 좋아하는 유튜브 채널 소개

김선우

내가 처음 유튜브를 보게 된 것은 '시크릿 쥬쥬' 그리고 '뽀로로' 등이다. 그런데 지금은 나의 취향이 게임이다. '수니', '아려랑', '허팝', '겜요물', '백앤아' 등을 본다. 그중에서도 나는 요즘 '집사TV'를 즐겨본다. 집사TV는 대적택, 멤버, 집사, 푸딩제리, 깅도이, 료미로 이루어져 있다. 그들은 공포특집, 타워, 파쿠르 등을 찍고 있고 집사는 점프맵 실력이 고수처럼 뛰어나다. 실수하는 모습을 보여주면서 우리에게 재미를 주기도 한다. 내가 그 영상들을 보면 그 게임 타워를 끝까지 올라 이길 수 있다는 자신감이 생기고 집사가 알려주는 지름길로 갔을 때 더 쉽고 많이 게임을 할 수 있기 때문에 승부욕도 생긴다. 그렇지만 이기지 못했을 때 아쉬움이 커져 다시 하고 싶은 마음이 생기고 약속한 게임 시간을 못 맞출 때가 있기도 하다. 그리고 그 영상을 보다 보면 나도 정말 집사처럼 능력이 커질 수 있을지 궁금증도 생겨 다른 내 할 일을 못 하게 될 때도 많다. 하지만 업로드 영상을 빨리 보기 위해 해야 할 일을 빨리빨리 끝낼 수 있어 도움이 되기도 한다. 할 일을 다 끝내고 영상을 보면 엄마 말대로 당당하게 게임과 영상을 볼 수 있어서 좋다. 이렇게 유튜브는 나에게 좋은 점도 있지만 시간이 지나면 지날수록, 컴퓨터 기술이 발전하면 발전할수록 내가 유튜브를 알지 못했던 때로 돌아가고 싶기도 하다. 왜냐하면 자꾸만 생각나고 집중을 잘 못 할 때가 많아지기 때문이다. 그래도 지금은 그때그때 재미에 나는 만족한다.

☑ 취향이 게임인 선우는 정말 많은 유튜브 채널들과 진행자들을 알고 있네. 선우의 글을 읽다 보면 유튜브를 몰랐던 때를 살았던 열두 살의 선생님이 갑자기 안쓰러워져. 이토록 재밌는 영상들을 보면서 지내지도 못했는데, 그렇다고 할 일을 빨리빨리 끝내서 엄마한테 칭찬을 들은 것도 아니거든. 그런 재미들을 모르고 어른이 되어버린 지금은 솔직히 너희들이 수업시간에 보여주는 유튜브 채널들이 별로 그렇게 재밌지가 않단 말이지. 내가 피식대학의 영상을 틀었을 때 너희가 혼자서 웃는 나를 멀뚱멀뚱 쳐다보고 있었던 것처럼.

11

고통을 참는 방법

감기에 걸려 콧물이 줄줄 흐르거나 고열에 시달려 밤잠을 설치던 날, 혹은 길에서 넘어져 다리를 다쳐 절뚝이며 다니던 날, 우리는 평상시와 달리 몸의 감각이 곤두서고 매우 예민해지는 것을 느낀다. 안 하던 생각도 하게 되고 말이다.

참 신기한 것은 아주 아플 때면 누군가에게 나의 고통에 대해 말하고 싶어질 때가 있다는 거다. 어디 어디가 어떻게 아프다는 것을 누군가에게 털어놓거나 일기에 쓰고 나면 이상하게도 조금 나아지는 듯한 느낌이 들기도 한다. 고통에 대해 글을 쓰면 내 고통이 누군가에게 나누어지고 있다는 느낌 때문일까?

내 고통을 털어놓게 되는 사람은 의사 선생님일 수도 있다. 그런데 어린이에게 병원에 가는 일이 무섭고 두려운 것은 자연스러운 경계심이다. 그런 어린이가 의사 선생님 앞에서 고통에 대해 말하기는 쉽지 않다. 고통을 치료하는 일은 왜 더 고통스러운 과정을 동반하는지. 생각해보면 아이가 두려움을 참고 병원에 가는 것은 치료받을 때의 고통을 참으면 몸이 다 나을 것이라는 희망 때문인 것 같다. 각자 고통을 어떻게 참아왔는지에 대한 글을 써보고 이야기를 나누는 시간을 갖기로 했다.

아픈 감각은 표현하기가 참 어렵다. 독자가 그것을 읽는다 해도 그 고통을 똑같이 겪을 수 없기 때문이다. 천식을 심하게 앓고 있는 한 어린이의 글을 읽어보자.

아침에 배가 되게 아파서 숨도 못 쉴 것 같고 죽는 것처럼 느껴졌다. 그리고 아픈 데다가 내가 배를 주무르니까 '허렁허렁'하였다. 그래도 나는 천천히 배를 주물렀다. 어머니께서는 나 허렁허렁하는 소리가 듣기 싫다고 하면서 뒤로 돌아누웠다. 나는 허렁허렁해서 약을 한 첩 먹고 다시 배를 주물렀다. 그러고 일어나니까 어머니께서는 저자 가고 없었다. 자꾸 심물이 올라왔다. 학교에 가서도 자꾸 심물이 올라오고 뱃속이 아팠다. 그리고 자꾸 구토가 나올려고 하고 뱃속이 디비지는 것처럼 아팠다. 내일은 얹힌 것 내는 데 가서 얹힌 것을 낼려고 생각했다. (1982년 3월 17일)

'허렁허렁', '뱃속이 디비지는', '새끼줄로 꼬는 듯한 느낌' 등 온몸에 전해지는 통증을 서툰 언어로 표현하고자 하는 어린이의 일기는 표준어와 외국어로 이뤄진 의사의 진단서와는 확연하게 다르다. 이 아이는 매일매일 달라지는 증상과 고통을 다른 곳이 아닌 일기장에 털어놓을 수밖에 없었다.

나는 매일 약을 먹는다. 어릴 때 물에 빠져서 감기가 들어 감기가 늙어서 기관지 천식이라는 병이 되었다. 그래서 나는 매일 약을 먹는다. 한 가지 걱정이 있다. 약이 다 떨어져 가면 아버지께 말을 해야 하는데 그 소리가 입안에서만 맴돌고 그런 소리가 나오지 않는다. 약이 다 되어 가면 말씀드리면 아버지께서 내사 모르겠다 하시면서 돈도 없는데 뭐 가지고 약 지로 가끼고, 손가락을 빼 가지고 약 지로 가끼가 하면서 꾸중을 하신다. 그래서 말씀드리기가 싫다. (1982년 5월 24일)

약값을 마련할 수 없는 가난한 집안에서 아이의 '허렁허렁 소리'는 가족 중 누구도 대면하고 싶지 않은 것이다. 어머니의 한숨과 아버지의 한탄을 듣고 자란 소년은 그것을 누구보다 잘 안다. 자신의 고통을 쉬이 알릴 수가 없는 소년은 아픈 와중에도 거의 매일 일기를 썼다.

나의 소원은 병이 빨리 낫는 것이다. 두 살 때부터 아파서 마음대로 뛰지도 못하고, 놀지도 못한다. 나는 이다음에 훌륭한 의학자가 되어 많은 병든 사람 위해서 좋은 약을 만들어 내겠다. 나는 병이 빨리 나아서 다른 아이들처럼 뛰놀고 싶다. (12월 5일)*

이외에도 소년의 일기장에는 병이 다 나아서 의학자가 되는 미래가 그려지기도 한다. 다른 아이들처럼 뛰놀고 싶다는 소년은 1983년 7월 9일 새벽 3시쯤 또 숨이 가프고 기침을 하며 머리에서는 식은땀을 흘렸던 날의 일기를 마지막으로 쓰고 1년 뒤 병이 악화되어 죽었다. 담임교사의 말에 의하면 천식보다도 너무 오래 먹었던 약의 독한 성분 때문에 죽은 것이라고 한다. 결국 자기가 왜 아픈지조차도 설명할 수가 없었던 이 일기를 읽고 오랫동안 소년의 외로움에 대해 생각했다.

* 이오덕 편, 『웃음이 터지는 교실』, 창작과비평사, 1985, 93-146쪽.

'아픈 것'에 대한 감각이 가장 날 서 있는 요즘이다. 2019년 말 확산되기 시작된 코로나는 안전에 대해 많은 것을 생각하게 만들었다. 그저 바깥에 나가 숨을 쉬는 것만으로도 병에 걸릴 수 있을 정도로 인간의 몸은 연약하다. 연약한 몸은 혼자서 지킬 수 없다. 내가 다른 이의 건강을 생각하는 만큼 또 다른 이가 나의 건강을 생각한다. 코로나와 정면 승부로 맞서 싸울 수는 없지만 조심조심 피해서 돌아가는 길은 있다.

고통을 참는 방법

곽진호

나는 오늘 병원에 갔던 일을 써보려고 한다. 요즘에는 병원에 거의 안 가지만 코로나 전에는 적지 않게 갔다. 첫 번째로는 내가 ?살(기억은 안 나지만 쨌든 오래된 일임) 때 있었다. 동생과 엄마가 화장실에 있었는데 나 혼자 앞구르기 하다가 탁자 모서리에 눈썹 쪽을 박아서 응급실 감. 두 번째 내가 배가 아팠을 때 병원에 갔다. 배가 아파서 학원을 못 갔다. 왜 아팠는지는 모름. 인제 기억도 안 나고 병원에 간 적도 없어서(코로나 이후로) 끝~~

-2021/07/16 진호가 씀

☑ 앗. 진호가 쓴 것만 봐도 그때 무지무지 아팠을 것 같아. 그런데 그때는 엄청 아팠던 일이 분명한데, 이상하게도 지금은 왜 아팠는지도 잘 기억이 안 나지? 그만큼 진호가 성숙해진 것이 아닐까 싶다. 고통도 금세 이겨내는 씩씩한 진호에게 칭찬해주고 싶어.

고통을 참는 방법

김세연

얼마 전에 〈슬기로운 의사 생활〉 시즌2가 나왔다. 그래서 가끔 엄마, 아빠와 같이 봤는데 병원이라 그런지 감기가 걸려 너무 아팠던 기억이 떠올랐다. 내가 3~4학년 때 일이다. 어느 날 갑자기 머리가 깨질 것 같고 몸도 힘들고 열도 조금 났다. '왜 이러지? 어제 이불 안 덮고 자서 그런가 보다.' 그때가 초여름이라 이불을 안 덮고 잤었는데 무시하다가 감기에 걸렸다. 무거운 몸을 이끌고 롯데백화점을 지나 학교에 도착했다. 그런데 학교에 도착하니 몸이 아까보다 가벼워졌다. 그리고 집으로 돌아올 때 또 몸이 무거워졌다. 그렇게 아프고 힘든 날이 반복되다가 더 못 견딜 것 같아 엄마에게 알리고 병원에서 처방된 약을 먹고 괜찮아졌다.

이렇게 가장 아팠었던 기억을 회상해봤다. 요즘은 비대면 수업으로 밖에 잘 나가지도 않고 정말 더워져 이불도 필요 없어 감기에 잘 걸리지 않지만, 코로나 때문에 친구와 잘 만나지도 못한다. 나는 예전에 감기에 걸리면서도 친구와 만나던 그때가 감기 안 걸리고 못 만나는 지금보다 더 나은 것 같다. 하루 빨리 코로나가 끝나고 친구들과 놀았으면 좋겠다.

- [x] 언제나 이야기를 재미있고 생생하게 전달하는 세연이의 솜씨가 잘 느껴지는 글이다. 이 글을 읽으니 당시 세연이의 경험이 선생님한테도 정말 잘 느껴져. 꽤 예전의 일인데도, 그때가 어떤 계절이었는지, 세연이가 몸을 어떻게 감각했는지, 세연이에게는 어떤 생각이 스쳐 지나갔는지 등이 세세하게 쓰여 있어서 그런 것 같아. 그리고 선생님도 세연이처럼 "감기에 걸리면서도 친구와 만나던 그때가 감기 안 걸리고 못 만나는 지금보다 더 나은 것 같다"고 생각해. 조금 아프면 뭐 어때, 친구들이랑 노는 게 얼마나 즐거운데 말이야. 그치?

내가 고통을 참는 방법

유시율

나는 그날 배가 너무 아팠다. 사실 단순히 체를 한 것 같았는데 약을 먹고 시간이 지나도 계속해서 고통이 찾아오면서 뱃속이 지옥으로 변했다. 진짜 죽을 것 같았다. 점점 배가 계속 아프니 엄마 아빠도 걱정이 되어서 병원에 갔다. 그런데 단순히 체한 것이 아니었다. 병원에서 어떤 문제가 있는지 알려주었지만 까먹었다. 하지만 그 엄청난 고통은 아주 생생하게 기억한다. 상상만 해도 아프다. 병원에서 링겔을 맞아야 한다고 했다. 난생 처음으로 링겔을 맞아야 했다. 하지만 난 그때도 나만의 고통 참는 방법으로 해결했다. 1. 딴짓하기: 이 방법은 딴짓을 함으로 아프다는 생각을 없애는 것이다. 이 방법은 스마트 기기를 이용하면 좋은데. 예를 들어 유튜브에 빠져 아픔을 느끼지 못하게 하는 것이다. 2. 맛있는 간식을 먹는 것: 이것도 1번과 같이 맛있는 간식, 초콜릿, 과자, 음료수 등등을 먹으면 뭔가 내 몸이 달달해지는 느낌 때문에 기분이 좋아져서 아픔 느끼는 것을 까먹는다. 3. 잠을 잔다: 잠을 자면 아예 느낄 수 없기 때문에 편하다. 그런데 잠이 들 때 힘이 들 수 있음. 여기까지가 나의 고통 참는 방법이었다.

- [x] "나는 그날 배가 너무 아팠다"는 문장으로 글이 시작되니, 시율이가 아팠던 그날의 기억으로 선생님도 순식간에 빠져들어 가게 된다. 아팠던 이유는 잊어버렸어도 아픔의 감각이 시율이한테는 여전히 생생하다는 게 이 글에서도 잘 느껴져.

고통을 참는 법

김예영

오늘 주제는 고통을 참는 법이다.

나는 문지방에 새끼발가락이 찧었을 때 가장 아프다. 이때 내가 고통을 참는 방법은

1. 소리를 지른다.

소리를 지르면 소리와 함께 아픔이 가셔서 소리를 지르는 방법도 나쁘지 않다.

2. 혀를 깨문다.

혀를 깨물면 고통이 혀 쪽으로 가기 때문에 새끼발가락은 아프지 않지만 혀가 많이 아프다.

지금까지 내가 고통을 참는 법을 써보았다. 꼭 써먹길 바라는 마음으로

-뿌링치킨예영

☑ 뿌링치킨을 좋아하는 예영이. 선생님은 아프면 소리를 지르는 게 그냥 아픈 걸 표현하는 것으로 생각했었는데, 예영이의 글을 읽으니 생각이

달라졌어. 소리를 지르면 정말 아픔이 가시는 것 같기도 해. 예영이가 추천해준 두 번째 방법은 써먹기에는 좀 무시무시하게 들린다.

내가 아플 때

박민서

내 기억으로만 해도 아팠던 적이 좀 있다. 몸살이 심하게 오고 열이 많이 났을 때도 2번 정도 있었다. 아빠 말로는 나랑 동생 셋 다 태어난 지 1달도 안 돼서 열이 났다고 한다. 나는 일곱 살 때랑 여덟 살 때 신장이 안 좋아서 수술을 두 번 정도 했었다. 지금도 한 달에 한 번 정기적으로 병원에 가서 검사하는데 솔직히 귀찮고 아플 때도 있다. 엄마 아빠 말로는 나중에 안 아프기 위해서라지만 나는 솔직히 말해서 검사가 끝난 후 점심시간에 맛있는 것을 먹고 집에 갈 때 가끔씩 간식을 사주는 걸 생각하면서 참는 거다. 그리고 열 살 때 사시 때문에 눈 수술을 하고 검사받으러 갔을 땐 똑같은 이유도 있고 아프진 않기 때문에 참았다.

☑ 병원에 가는 일이 귀찮고 아플 텐데도 투정 부리지 않고 그 후에 있을 좋은 일을 생각해 참는 모습이 대견하게 느껴지네. 다 나을 거라는 생각 때문이 아니라 맛있는 걸 먹을 수 있다는 생각에 참아내는 것도 귀엽고. 민서의 동생들도, 민서도 건강했으면 좋겠다.

고통을 참는 법

김선우

내가 살면서 고통스러운 적은 많이 없었던 것 같다. 하지만 요즘 나는 고통을 참아야 하는 일이 생겼다. 이유는 발바닥이 다 벗겨졌기 때문이다. 원인은 면역이 무너져서이다. 병원에서 약도 받고 한약도 먹으면서 치료하고 있지만 고통스러울 때가 종종 있다. 살이 벗겨져서 따갑고 가끔 피도 난다. 줄넘기를 많이 한 날은 발에서 불이 나서 잠자기가 어려울 때도 있다. 이럴 때면 나는 고통을 참기 위해 얼음물에 발 담그기와 아이스팩 위에 발 올리기 등으로 고통을 참아본다. 신경 안 쓰고 다른 일에 집중하면서 고통을 이겨낼 때도 있다. 요즘같이 더운 날엔 양말 벗고 샌들 신었을 때가 많이 그립다.

☑ 선우가 느끼는 고통의 원인이 무엇인지, 아플 때 어떻게 아픈지 구체적으로 써줘서 재미있게 읽었어. "발에서 불이 나서"라는 표현도 선우의 재치 있는 표현으로 보이네. 선생님은 선우가 항상 의젓해 보인다고 생각했는데, 알고 보니 이런 고통을 씩씩하게 참고 견뎌와서 그렇게 보였겠구나.

12

걸음 만화방

한때 나의 꿈은 만화방 알바를 하는 것이었다. 하루종일 만화를 읽으면서 돈을 벌다니. 한 권을 탁 소리나게 닫고 무수한 책 더미에서 다음 권을 뽑아 올 때의 쾌감은 스크롤을 내리는 웹툰이 따라갈 수가 없다. 내가 초등학생이었던 2000년대 초반은 동네마다 만화책 대여점이 있었다. 당시 대여료가 1권에 300원(신간은 400원)이었기 때문에 초등학생의 일주일 용돈으로는 기껏해야 7권이 최대였다. 그렇게 감질맛 나게 조금씩 빌려서 보다 사촌 언니나 오빠들이 놀러 오는 날은 횡재였다. 그들을 적당히 구슬려 함께 가면 만화책 한 시리즈를 빌릴 수 있었기 때문이다. 우리는 『크레용 신짱』(한국판은 애니메이션이 처음 방영되면서 '짱구는 못말려'라는 이름으로 알려졌다), 『아즈망가 대왕』, 『도라에몽』 같은 귀여운 그림체의 일본 코믹 만화부터 시작해, 조금 더 커서는 『원피스』, 『페어리 테일』과 같은 모험물을 접하고, 『나나』와 같은 다크한 로맨스물도 탐닉했다. 『신암행어사』 같은 다크판타지도 간혹 보았던 것 같은데 초등학생이 보기엔 영 이상한 장면들도 많아서 옷장 안에 넣어두고 읽었던 것 같다.

엄마는 내가 더 이상 이상한 만화로 뇌와 눈을 버리지 않게 아예 어린이 만화잡지를 구독해주었다. 『고래가 그랬어』라는, 막 창간된 월간 아동잡지였다. 지금은 어느덧 230호를 바라보고 있는 『고래가 그랬어』는 국내의 훌륭한 작가들과 활동가, 연구자, 만화가들이 참여해 어린이의 시선과 생각에 발맞춘 만화가 그 내용의 주를 이룬다. 만화 말고도 어린이가 배워야 할 다양한 주제에 관한 글, 동화, 초등학생 고학년 어린이들끼리의 토론, 집에서 간단히 만들어 먹을 수 있는 요리법이나 운동장에서 직접 해볼 수 있는 게임 소개 등이 실린다. 잡지나 신문은 어른들이나 읽는 것이라 깔보았던 내게 그것은 달에 한 번씩 '나'를 위해 그 모든 '고그(고래가 그랬어)'삼촌과 이모들이 글을 쓰고 그림을 그려 보내주는, 그야말로 선물 세트였다. 중학교에 가서는 더 구독하지 않았던 것 같고 만화를 본격적으로 접하기 시작하는 초등학교 4~6학년에게는 더할 나위 없이 좋은 길잡이라고 생각한다.

무언가를 좋아하면 그것을 만드는 일도 재미있어진다. 먹는 걸 좋아하는 사람은 내가 직접 요리해보고 싶다는 생각을 하고, 노래를 듣는 걸 좋아하는 사람은 악기를 금방 배우게 된다. 글쓰기도 마찬가지다. 글 읽기를 좋아하는 사람은 글쓰기의 재미를 다른 사람보다 더 쉽게 알 수 있고, 반대로 책을 별로 안 좋아하면 글쓰기도 지루할 수 있다. 만화를 좋아하는 친구들이 더 많은 캐릭터를 그려보았으면 좋겠다. 나는 초등학교 특별활동 시간에 만화부에 들어갔지만 어째 만화부 담당 선생님들은 하나같이 만화에 별 흥미가 없었다. 대신 쉬는 시간에 노트를 찢어 그림을 그리면서 진짜 만화가처럼 친구들끼리 연재도 하고 서로 돌려보기도 했다. 그림을 입시 미술처럼 그리지 못하는 아이도 만화 그리기는 좋아하고, 또 잘하기도 한다. 사람을 '졸라맨'으로 그려도, 글씨가 조금 삐뚤어도 못 그린 만화가 되지는 않기 때문이다. 낙서의 힘을 만화는 안다!

놀이터

김예영

ㅋㅋ
ㅇㅋ
ㅋㅋ 그네타러가자
NO.
DATE.
애기
기다림
저기 아기들아
좀 가줄래?
...네?
하여간 요즘
애들은 예의
가 없어.
후다닥

선우의 나트랑 황당 사건

김선우

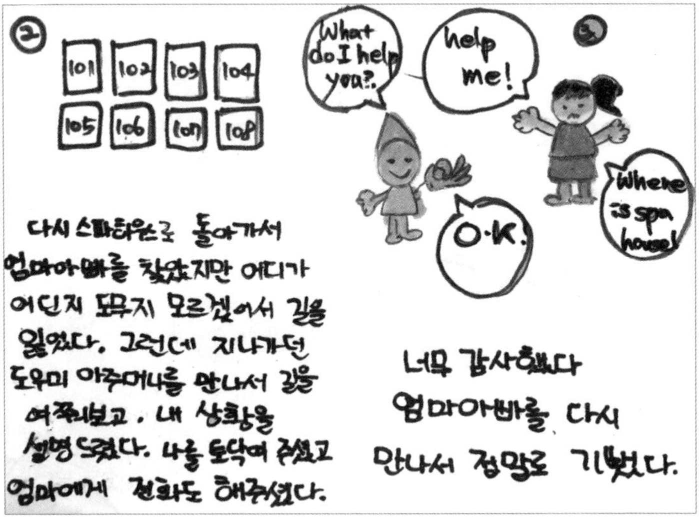
②
101 102 103 104
105 106 107 108
What do I help you?.
help me!
③
Where is spa house!
O.K!
다시 스파하우스로 돌아가서 엄마아빠를 찾았지만 어디가 어딘지 도무지 모르겠어서 길을 잃었다. 그런데 지나가던 도우미 아주머니를 만나서 길을 여쭤보고, 내 상황을 설명드렸다. 나를 토닥여 주셨고 엄마에게 전화도 해주셨다.
너무 감사했다 엄마아빠를 다시 만나서 정말로 기뻤다.

Mission clear!
④
자신감 뿜뿜!
해외에서 엄마아빠를 잃어버렸지만 그동안 열심히 공부한 영어 때문에 내가 엄마아빠를 다시 만날 수 있었다. 역시 영어는 열심히 해야 하는게 맞는 것 같다.
엄마 아빠 사랑해요♡

낚시 여행

조율

이오
엄마
나
해물탕
다음날…
나
화장실!
이오
배아파!

게임이 Do Not Shut Down

곽진호

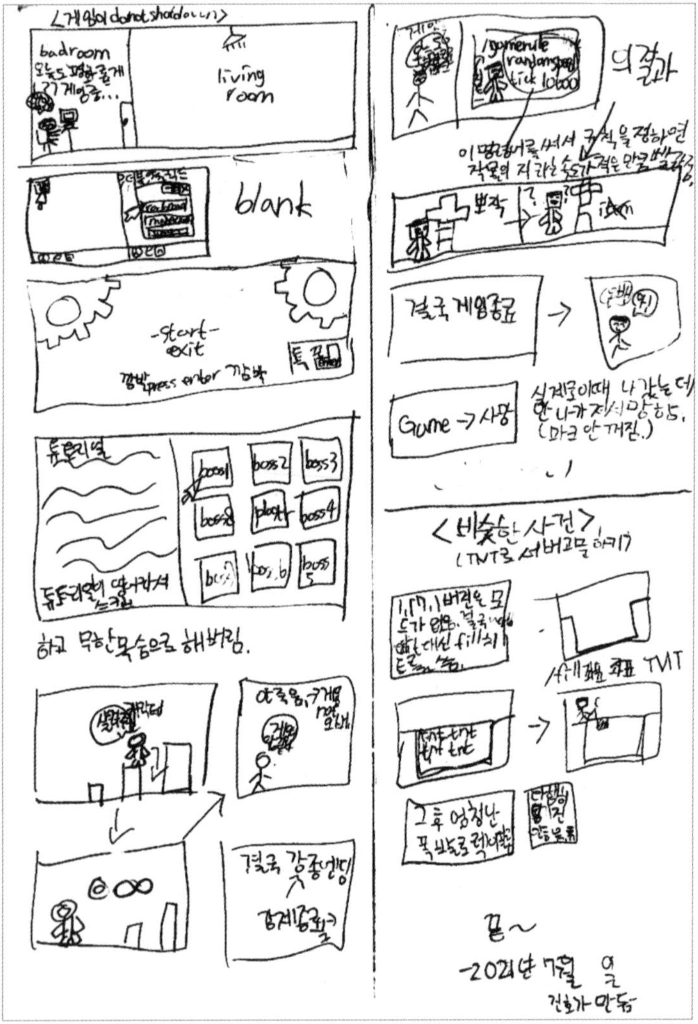

맞았으면 큰일 날 뻔

곽진호

편의점에서 만난 할머니

유시율

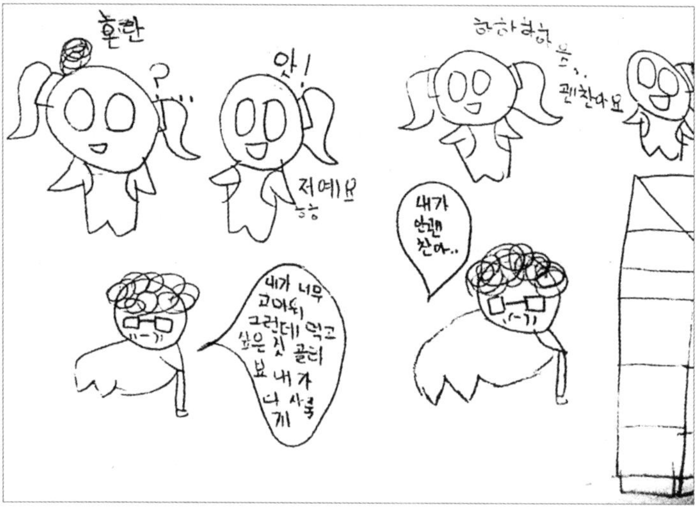
혼란
?
앗!
저예요
내가 너무 고마워 그런데 먹고 싶은 것 골라 봐 내가 다 사줄게
하하하하
음.. 괜찮아요
내가 안괜찮아..

하하하
ㄲㄲ
그날은 내가 피아노 학원에 가서
끝나가 편의점에 가 있었는데
권서가 마주친 할머니 한테
인사를 했는데 네가 보니까
권서를 나로 착각 했는데 갑자기
너무 고맙다며 어린 아이 한테 인사
처음 받아본다며 간식을 사주셨다
진짜 회다 (어이x)

민찬이의 부끄러움

박민서

공든 탑이 무너지다

김세연

13

친구의 비밀을 알아내는 법

지난 시간에 할머니, 할아버지 인터뷰를 했었다. 이번에는 친구 인터뷰를 할 차례다. 나이도 비슷하고 가까이 사는 사람이니 더 쉬울 것 같다고? 천만의 말씀. 때때로 어떤 이야기들은 아예 낯선 사람에게 털어놓는 게 더 쉽다. 아주 가깝지도, 멀지도 않은 '애매한' 사이에서 우리는 어디까지 내 마음을 털어놓을지 망설이게 된다. 괜히 비밀을 말했다가 그 사람이 나를 싫어하면 어쩌지, 아니면 다른 사람한테 말해버리면 어쩌지. 때때로 나를 방어하기 위해서 우리는 입을 꾹 다물거나, 거짓말을 하기도 한다.

묻는 사람도 마찬가지다. 어디까지 물어봐야 상대방이 상처를 받지 않을지 고민하게 된다. 사실 별로 궁금하지 않을 수도 있고 말이다. 거짓말을 하든 말든 나야 상관없을 수도 있다.

그러나 훌륭한 인터뷰어는 상대방이 상처받지 않게 질문을 던지면서 '진실'을 밝혀내는 사람이다. 이 작업은 생각보다 꽤 어려워서 선생님이나 부모님들도 아주 숙련된 사람만이 할 수 있다. 어떻게 그렇게 할 수 있을까?

첫 번째 단계는 관심이다. 나에게 관심을 보이는 사람에게 대부분의 사람들은 마음을 연다. 단 특별히 불안감을 느끼거나, 공포를 주는 상황이 아니어야 한다. 두 번째 단계는 공감이다. 상대방의 반응에 공감하지 않고 일방적으로 던지는 관심과 질문은 쉽게 집착이 되어버린다. 그러면 또 불안하거나 무서운 상황이 되어버린다.

인터뷰어와 인터뷰이를 정하기 위해 우리의 이름으로 사다리타기를 했다. 코로나 때문에 항상 줌(Zoom)으로만 만나야 했던 우리는 사실 원래 목소리가 어떤지, 뒤통수가 어떻게 생겼는지, 집은 어디인지 잘 모른다. 그나마 친한 친구와 매칭이 되면 좋은데 몇 번 만나보지도 않은 친구에게 전화해서 이것저것 물어보는 일은 역시 겸연쩍었다. 비밀을 알아내기는 커녕 뚝뚝 끊기는 답변들과 어색한 공기가 대부분이었지만 그래도 그 시간들이 우리의 다음을 더 낫게 해준다면 수확은 있었던 게 아닐까. (어쩌면 선생님들이 눈치채지 못한 둘만의 비밀이 생긴 걸지도.)

시율 인터뷰

조율

안녕하십니까. 저는 기자 조율입니다. 오늘은 학교생활 달인 유시율님을 인터뷰해보겠습니다.

Q. 좋아하는 선생님이 있나요? 그 이유는?

A. 담임선생님입니다! 그 이유는 친근하고 친절해서입니다!

Q. 교실 청소는 잘하시는지?

A. 청소 대장입니다.

Q. 쉬는시간에 보통 뭘 하시는지?

A. 특별한 비밀 수다(?)요.

Q. 교실 급식 좋아하시는지?

A. 대부분 좋아요.

Q. 교실에서 제일 행복할 때.

A. 비밀 이야기를 할 때요!

자, 지금까지 학교생활 달인 유시율을 인터뷰해봤습니다! 이쯤 되면 비밀이야기가 뭔지 궁금해지는데요?? 또 다른 느낀점은 유시율님이 급식을 좋아한다는 게 놀라웠습니다. 지금까지 조율 기자였습니다.

'겉바속촉' 선우를 만나다

인터뷰어: 박민서

선우를 7월 29일 목요일에 전화로 인터뷰를 했다.

Q. 취미와 좋아하는 이유는?

A. 저는 달리기를 좋아합니다. 이유는 잘하고 좋아하기 때문입니다.

Q. 자신이 가장 좋아하는 물건은?

A. 콩순이, 올라프, 곰돌이 인형. 이유는 어렸을 때부터 가지고 있었기 때문입니다.

Q. 자신의 꿈과 이유는?

A. 꿈은 달리기 선수이고 이유는 달리기를 좋아하기 때문입니다.

Q. 자신이 가장 가지고 싶은 물건은?

A. '먹는 풍선'. 이유는 재밌어 보였기 때문입니다.

Q. 자신이 생각하는 자신의 성격은?

A. 겉으론 부드럽고 속으론 아주 친절하고 예의 바르고 배려한다.

그렇게 가깝지 않았던 선우를 인터뷰하면서 선우를 더 알게 되고 내 생각보다 성격이 부드럽고 잘 챙겨주는 사람이라는 것을 알게 됐다.

고독한 게이머 곽진호, 그의 일상을 들여다보다 (2021년 7월 31일)

인터뷰어: 유시율

오늘은 글방을 같이 다니고 있는 곽진호 오빠를 인터뷰해 볼 거다.

질문: 먼저 자기소개를 해주세요^^

제 이름은 곽진호이고 나이는 13살, 6학년. 성격은 화가 조금 있습니다.

질문: 평소 주말 취미는 무엇인가요?

책을 읽거나 게임을 주로 많이 합니다.

질문: 어떤 게임을 자주 하나요?

마인크래프트를 합니다. 다른 게임은 별로 하지 않습니다.

질문: 그럼 친구들과는 게임을 하나요?

아니요. 혼자 게임을 하고 친구와 게임을 한 적이 없습니다.

질문: 게임 말고 친구와는 주로 무엇을 하나요?

학원 갈 때 빼고는 따로 친구를 만나지 않습니다.

질문: 어떤 학원을 다니고 있고 다니고 싶은 학원은?

영어 학원, 수학 학원을 다니고 있고 다니고 싶은 학원은 별로 없습니다.

질문: 공부는 주로 언제 하나요?

저녁 7시~8시쯤 공부를 합니다. 주로 영어 단어 외우기. 문법 문제도 풉니다.

질문: 공부할 때 느낀 점은?

어렵지만 내가 잘 해냈을 때는 만족스럽다.

질문: 이렇게 인터뷰를 했는데 더 하고 싶은 이야기가 있나요?

딱히 더 없다.

이렇게 진호 오빠를 만나서 오빠의 더 많은 것들을 알아보았다.

게임생활 율이 오빠를 만나다
(2021년 7월 30일 금요일
인터뷰어: 김선우)

나는 율이 오빠를 전화로 인터뷰했다. 인터뷰하기 전 내가 생각했던 율이 오빠와 얼마나 겹치는 게 있을지 궁금했다. 인터뷰 시작!!

Q. 여보세요?

A. 어.

Q. 어. 뭔가 좀 어색하다;; 질문할게. 오빠는 꿈이 뭐야?

A. 아직 없어.

Q. 좋아하는 책은 뭐야?

A. 『5학년 5반 아이들』

Q. 존경하는 인물이 있어?

A. 타이슨.

Q. 오빠는 어떤 초능력을 원해?

A. 염력.

Q. 최근에 했던 부끄러운 행동은?

A. 없어.

Q. 오빠를 동물로 표현한다면?

A. 고릴라.

Q. 방학계획 중 가장 중요한 것은?

A. 게임하기.

Q. 가장 행복했던 순간은?

A. 게임에서 이겼을 때.

Q. 최근에 한 거짓말은?

A. 공부 적게 하고 많이 했다고 한 거.

Q. 가장 자랑스러운 순간은?

A. 게임에서 이겼을 때.

Q. 오빠의 장점은?

A. 운동 능력이 좋다.

Q. 단점은?

A. 게임을 많이 한다.

Q. 최근의 고민은?

A. 늦게 자고 늦게 일어난다.

Q. 부모님께 말 못 한 게 있다면?

A. 수학문제집 잃어버렸다고 뻥친 거.

Q. 나 끝났어.

A. 알았어.

Q. 빠2.

여러 개의 질문에 답해준 오빠에게 고맙다고 말하지 못해서 아쉬웠다. 그리고 내가 생각했던 율이 오빠는 게임보다는 공부에 더 집중하는 모습일 줄 알았는데 살짝 다른 모습에 놀랐다.

선우 인터뷰
(2020/8/7)

인터뷰어: 곽진호

Q. 반에서 어떤 때 힘든가요?

A. 친구들이 집중해서 수업 듣고 있는데 다른 친구가 방해할 때입니다.

Q. 가장 쉬운 과목은 무엇이고 그 까닭은 무엇인가요?

A. 영어, 수학, 체육. 왜냐하면 영어랑 수학은 옛날부터 했고 체육은 좋아서이다.

Q. 교실에서는 성격이 어떤가요?

A. 활발하고 친구들과 잘 지냅니다.

Q. 반에서 힘들 때 자신을 도와주는 그런 친구들이 있나요?

A. 민서, 예원입니다.

Q. 반에서 친구들을 도와준 일은 무엇인가요?

A. 친구가 공부하는 것을 도와준 일입니다.

제2의 뽀로로 김세연을 만나다
(참고: 제목은 세연이 오빠가 정해줌)

인터뷰어: 박민서

인터뷰이: 김세연

저는 노는 걸 좋아한다는 김세연 씨를 전화로 인터뷰해봤습니다.

날짜: 7월 31일.

Q. 자기소개 부탁드립니다.

A. 저는 5학년 김세연입니다. 성격은 까칠하고 장난끼가 있고 친구가 많지 않습니다.

Q. 쉬는 시간에 주로 뭘 하나요?

A. 친구들과 잡담을 합니다.

Q. 쉬는 시간에 혼자서 할 만한 것을 추천한다면?

A. 숙제입니다. 왜냐하면 나중에 안 해도 돼서 편하기 때문입니다.

Q. 가장 좋아하는 과목은 무엇인가요?

A. 체육을 좋아하긴 하는데 마음만큼 못합니다.

Q. 가장 좋았던 선생님은?

A. 3학년 선생님입니다. 왜냐하면 스토리텔링을 해주셨는데 재미있었기 때문입니다.

Q. 자신의 친한 친구는 어느 정도인가요?

A. 어울리는 친구는 꽤 많지만 진짜 마음이 통하는 진짜 절친은 아직 없는 것 같습니다.

나는 원래 세연이 오빠가 차분하고 조용한 사람이라고만 생각했습니다.

그러나 이번 인터뷰를 통해 재미있는 사람이라는 것을 알게 되었습니다. 스스로 별명과 제목을 정해 알려주는 모습도 무척 재미있었습니다. 이런 인터뷰를 통해 세연이 오빠의 새로운 모습을 알 수 있어서 즐거웠습니다.

삼총사 그녀들 그것이 알고 싶다
(인터뷰 날짜: 7월 31일)

interviewer: 세연

interviewee: 시율

그녀들은 항상 붙어 다닌다. 오늘은 항상 붙어 다니는 최고의 단짝친구들을 사귀신 유시율님을 모셔 봤다.

Q: 안녕하십니까? 반갑습니다. 본인 소개 부탁드립니다.

A: 안녕하세요? 저는 초등학교 4학년 '유시율'이라고 합니다. 예영이와 민서랑 가장 친합니다. 사실 얼마 전에 친구들과 싸웠어요.

Q: 성격이 활발하네요! 민서와 예영이랑은 언제 만나고 어떤 계기로 친해졌나요?

A; 어떤 계기로 친해졌는지는 기억이 안 나지만 어린이집 때부터 알고 지냈고 초등학교 들어가면서부터 친해졌어요.

Q: 친구들과 같이 있으면 어떤 기분인가요?

A: 뭐든 할 수 있을 것 같고 신나요.

Q: 왜 그런 기분이 드나요?

A: 친구들끼리 서로 의지가 되고 즐거워서인 것 같아요.

Q: 그렇다면 친구들과 무엇을 할 때 행복을 느끼나요?
A: 비밀이야기를 하거나 놀 때요.

Q: 아, 그리고 여자끼리만 사이좋게 지내는데 '남자 사람 친구'를 넣어 함께 친해질 생각이 있나요?
A: 해볼 생각은 있지만, 하고 싶은 친한 오빠(웬수)들과 시간이 안 맞아 할 수 있을지 몰라요. 친구들 의견도 구해야 하고, 물론 그렇다고 해도 단짝으로 지내고 싶다는 건 아니에요!

Q: 그렇다면 얼마 전에 친구들과 싸웠다고 하니 친구들에게 사과의 의미로 하고 싶은 말 한번 해주세요.
A: 얘들아 앞으로 친하게 지내자.

네, 감사합니다. 오늘은 특별 게스트 우리 학교 삼총사 중 한 명인 시율님을 만나봤습니다. 이 교우관계가 쭉 이어졌으면 좋겠네요.

14

너 그거 먹어봤어?

음식에 대한 이야기는 누구나 쉽게 할 수 있다. 매일같이 우리가 접하는 것이니까. 당장 오늘 아침에 무엇을 먹었는지를 떠올려보자. 그 음식을 누가 만들었고, 맛은 어땠는지, 어떤 재료가 들어가고 그 재료는 어디서 왔는지, 바다 건너 다른 나라 사람들도 이걸 먹을까, 아니면 시간을 거꾸로 되돌려 조선 시대 사람들도 이걸 먹었을까, 꼬리에 꼬리를 무는 질문들을 따라가다 보면 대단한 요리가 아니더라도 음식에 대한 글이 한 편 나올 수 있다.

어린이는 자신이 아는 것을 남에게 설명하기를 좋아한다. "아 정말? 그런 거였어?" 하고 되물을 때 어린이의 눈은 뿌듯함으로 반짝인다. 정보가 담긴 글쓰기의 목표는 글을 쓰면서 어린이가 그 정보를 나의 지식으로 만드는 것이다. 수업은 대상에 대한 정보를 찾는 데서 시작한다. 나는 학생들에게 직접 도서관에 가서 도서 검색대에 찾고자 하는 것을 쳐보라고 한다. 초등학교 5학년쯤 되면 그중 어떤 책이 숙제를 하는 데 도움이 되겠구나 판별할 수 있다. 잘 모르겠으면 가장 위에 있는 두세 권의 책부터 찾아본다. 책 옆의 '청구 기호' 숫자를 잘 외울 수 있는 사람은 외우고, 아니면 우리 같은 사람들을 위해 준비된 종이에 적는다. 책 찾기가 어려우면 사서 선생님에게 도와달라고 하면 된다. 기꺼이 나서서 찾아줄 것이다.

책을 찾아보라고 하는 건 정보를 읽는 과정과 글을 쓰는 과정을 분리하기 위해서다. 처음 글을 쓰면 대상만 있지 무엇을 써야 할지가 막막하다. 이때 어린이는 검색창에 그냥 대상을 쳐보게 되고, 가장 먼저 보이는 게시글을 그대로 복사해서 붙여넣는다. 글 한 편을 스크랩한 것이지, 글을 쓴 게 아니다. 하루쯤 지나면 무엇에 대해 썼는지 기억도 안 난다. 반면 책은 눈으로 먼저 읽는 과정에서 어떤 내용을 써야겠다고 생각하게 된다. 동시에 머릿속에서 책의 내용을 분류하게 되고 필요한 부분을 뽑아서 쓰게 된다. 물론 적절한 정도의 발췌와 인용에 익숙하지 않은 어린이들은 냅다 처음부터 끝까지 베껴 쓰기도 한다. 그럼에도 책으로 정보를 접한 어린이와 검색으로 정보를 접한 어린이의 글은 큰 차이가 난다.

온라인 공간의 정보가 무익하다는 것이 아니다. 앞뒤 책표지로 '닫힌', 한 권의 책이라는 방 안에 들어가서 내가 필요한 정보를 직접 찾고 나오는 연습을 하고 나면, 이제 망망대해 같은 인터넷의 '열린' 공간에서도 정보를 찾을 수 있어야 한다. 음식 이름을 치면 너무, 정말 너무 많은 정보가 쏟아져 나온다. 자, 여기서 어떤 선택을 하느냐에 따라 내가 쓸 글의 성격이 달라진다. '백과'나 '뉴스'에 들어가면 그 음식에 대해 최소 2년은 넘게 공부한 전문가가 쓴 글을 만날 수 있다. (나무위키는 가능하면 피하자고 말하는 편이다.) 블로그나 유튜브 동영상을 돌아다니다 보면 맛집이나 독창적인 레시피를 소개하는, 보다 실용적인 정보를 전달하는 글을 쓸 수도 있다.

정보글을 쓸 때 가장 중요한 것은 얻은 정보들의 출처를 밝히는 일이다. 세 가지 이유를 말해준다. 첫째, 내 글을 읽은 다른 사람들이 그것에 관해 다른 정보를 더 알고 싶을 때 유용하게 쓸 수 있다는 것. 둘째로는 내가 쓴 글이 정확하다는 것을 알리기 위해서다. 글에 담긴 정보가 그냥 내 머릿속에서 지어낸 게 아니라 전문가가 직접 확인하고, 맛있다고 평가도 많이 받았다는 것을 알려준다면 읽는 사람들이 더 믿음이 갈 테니까.

세 번째, 나에게 정보를 준 사람에 대한 예의다. 이렇게 우리가 놀고 싶은 마음을 억누르고 힘겹게 쓴 한 편의 글을 다른 누군가가 그대로 베껴 쓰고 자기가 썼다고 해버리면 얼마나 억울할까. 출처 표시는 내가 정당하게 지식을 가지고 왔다는 것을 나타내기 위해서다. 그렇다고 한 사람이 쓴 글을 몽땅 옮기고 출처만 밝히는 것도 능사는 아니라고 얘기했어야 하는데, 아뿔싸, 이번 주 아이들은 '지은이'가 아니라 '옮긴이'가 되어버렸다.

내가 좋아하는 음식 <전복장 버터구이>

김선우

내가 선택한 전복장 버터구이 만드는 방법을 설명하자면, 싱싱하게 살아 있는 전복을 먼저 깨끗하게 씻어야 한다. 가장 중요한 것은 전복 앞면에 있는 이빨을 제거해줘야 한다는 것이다. 그리고 칼집을 내고 찐다. 그 다음 맛간장을 만든다. 맛간장은 물, 간장, 매실청, 대파, 대추, 파 ,양파, 무, 생강, 마늘, 고추, 표고버섯을 넣고 불에다 5분 정도 끓이다 약한 불로 25분 동안 천천히 끓인다. 체에 받쳐 건더기는 빼고 간장물만 담는다. 그 간장물에 찐 전복을 넣는다. 전복장 버터구이는 식사할 때 프라이팬에 버터를 바르고 전복장에 있는 전복을 꺼내 같이 볶으면 맛있는 전복장 버터구이 완성!! (이때 좋아하는 야채를 함께 넣고 볶으면 더 맛있다. 근데 난 야채를 별로 좋아하지 않아서 설명하지 않았다.)

전복장 버터구이의 맛을 표현해보자면 해산물을 좋아하지 않는 사람도 깔끔하게 먹을 수 있고 버터의 향이 더해져 달콤함과 짭조름한 맛이 환상의 케미를 이룬다. 전복의 담백함이 어떤 고기하고도 비교할 수 없을 정도이다. 먹다 보면 몸이 건강해지는 느낌이 들고 한번 먹으면 다시 생각나는 맛, 그야말로 중독성이 강하다. 꼭 한번 먹어보길 →강 추← 한다!!!

레시피 참고: 네이버 블로그

본 날짜 : 2021년 8월 21일

☑ 선우 글을 읽으니 선우는 직접 전복장 버터구이를 만들어본 적이 있는 것 같은걸? 재료도 자세히 적혀 있고, 조리 순서나 방법도 정말 그대로 따라 해도 되겠어. 달콤하고 짭조름하고 담백하다는 표현까지, 어떤 음식의 맛을 설명할 수 있는 최상의 단어들을 사용한 것도 훌륭하다.

내가 좋아하는 음식

곽진호

내가 좋아하는 음식은 떡볶이, 초밥, 아이스크림, 피자 등등이 있다. 떡볶이는 내가 가장 좋아하는 음식이다. 떡볶이는 매콤하고 떡이 쫄깃하다(그렇지 않은 것도 있다). 매콤해서 중독적이다. 그래서 계속 먹게 된다. 떡볶이는 밀떡, 쌀떡, 어묵, 채소, 고추장 양념을 섞어서 만든다. 고추장 떡볶이는 6.25 전쟁 이후 나왔다고 한다. 원래는 궁중떡볶이가 있었다고 한다. 궁중떡볶이는 간장양념에 재어둔 쇠고기를 떡과 볶아서 만들었다고 한다. 그 외에도 떡볶이는 국물떡볶이, 라볶이, 짜장떡볶이, 치즈떡볶이 등등 여러 가지가 있다.

그다음으로는 초밥이다. 나는 해산물을 좋아해서 회, 초밥 등을 매우 좋아한다. 초밥은 고추냉이(와사비)가 들어 있다. 나는 고추냉이를 그냥 먹을 수는 없지만 초밥에 조금 있는 건 그냥 먹는다. 고추냉이는 맵기보다는 맛이 특이하지만 나는 그 맛을 싫어한다. 초밥은 여러 가지 종류가 있다고 한다. 주먹초밥, 김초밥, 누름초밥, 유부초밥, 캘리포니아 롤 등이 있다고 한다. 주먹초밥은 한입에 먹을 수 있는 초밥이다. 초밥 집에서 초밥을 시키면 해산물이 얹혀 있는 초밥이 주먹초밥이다. 김초밥은 밥 안에 채소 등이 있고 김이 밥을 싸고 있는 초밥이다. 누름초밥은 틀에 누른 초밥이라고 한다. 유부초밥은 유부 안에 밥을 넣은 초밥이다. 캘리포니아 롤은 안에 게맛살, 마요네즈, 아보카도, 게살 등을 넣은 김이 없는 김밥이라고 생각하면 된다.* 초밥은 해산물이 신선하고 밥이 고소해서 맛있다. 초밥은 밥에 설탕, 소금, 기름 등으로 양념을 해서 둥그렇게 해서 그 위에 회를 떠서 올린 것이다.

세 번째는 아이스크림이다. 아이스크림은 후식이지만 음식은 맞다. 음식은 불이나 도구를 사용해 불필요한 부분을 제거하거나 먹기 쉽게 가공한 것이라고 한다. 아이스크림은 소프트, 하드 등이 있다. 소프트는 와플 콘에 부드러운 아이스크림을 넣는다. 보통 콘 아이스크림이라고 부른다. 하드는 막대 위에 놓여 있는 막대 아이스크림이다. 아이스크림은 각각 맛이 다르지만 나는 초코 맛이 제일 좋다. 왜냐하면 달다. 나는 단 것을 좋아하기 때문이다. 아이스크림은 설탕, 향신료, 우유 등을 섞고 얼리면 된다. 여기서 공기가 많이 들어가면 소프트 아이스크림이 되고 적으면 하드 아이스크림이 된다.

마지막은 피자이다. 피자는 빵 위에 여러 가지 토핑이 들어간다. 토핑은 고기, 채소, 과일 등이 들어간다(소스도 들어간다). 파인애플 피자는 호불호 음식이라고 한다. 나는 파인애플 토핑을 좋아한다. 고기 토핑은 싫어한다. 피자는 토핑에 따라 맛이 달라

* 위키백과 (https://ko.wikipedia.org/wiki/떡볶이; https://ko.wikipedia.org/wiki/스시; https://ko.wikipedia.org/wiki/아이스크림; https://ko.wikipedia.org/wiki/피자) 검색일: 2021/8/21

진다. 파인애플은 구우면 애린 맛이 사라지고 단맛이 늘어나는 것 같다. 고구마도 달다. 그래서 좋아한다. 피자는 반죽을 하고 이스트를 넣는다. 그리고 반죽을 발효한다. 그리고 넓게 편 후 소스를 넓게 바른다. 토핑을 얹고 굽는다. 식빵으로 해도 된다. 식빵에 토핑을 얹고 굽는다.

2021/8/21
진호가 씀

☑ 진호 이번 글은 정말 정보가 풍부한 글이야. 진호의 검색 실력이 이 글에서도 빛을 발한 것 같다! 이 글을 쓰면서 진호가 어떤 느낌이나 생각이 들었을지 궁금하네. 이 음식들을 먹고 싶다는 생각에 침이 살짝 고였을까? 글을 다 쓴 후에 떡볶이를 만들어 먹겠다고 생각했으려나? 정보가 많은 글일수록 보통 객관성이 높아져서 글을 쓴 작가가 잘 상상되지 않아. 그래서 만약 이 글에 진호의 개인적인 느낌이나 경험이 더 추가되었다면 어땠을지 궁금해지기도 해. 누가 봐도 이건 정말 진호만이 쓸 수 있는 글이라는 생각이 들었을지도 모르겠어.

좋아하는 음식, 어떻게 만들까?

유시율

내가 좋아하는 음식은 초밥이다.

솔직히 내가 모든 초밥을 다 좋아하는 건 아니니다. 내가 싫어하는 것도 있다. 하지만 초밥은 진짜 맛있다. 초밥의 원산지는 일본이다. 나는 일본을 싫어한다. 왜냐면 일본이 우리나라를 쳐들어온 역사가 있어서 싫지만 어쨌든 초밥은 맛있다. 나는 초밥 중에서도 새우초밥을 가장 좋아한다. 초밥은 식초와 버무린 밥에 회, 채소, 계란 등을 위에 얹거나 채워서 만드는 일본 요리이다. 또한 현대의 일본 초밥은 손으로 쥐어 만드는 니기리즈시, 밥 위에 여러 재료를 얹어 먹는 지라시즈시, 김으로 말아 만드는 마키즈시 등으로 만들 수 있다.*

- ☑ 시율이가 싫어하는 초밥은 무엇이고 왜 싫어하는지, 좋아하는 초밥은 어떤 맛 때문에 좋아하는 건지 궁금해지네. 선생님은 어릴 때 해산물의 비린 맛이 싫어서 해산물을 잘 못 먹었거든. 시율이의 맛 표현을 더 듣고 싶어. 왠지 시율이라면 맛깔나게 새우 초밥의 맛을 묘사해줄 것 같아!

* 위키백과 검색, (https://ko.wikipedia.org/wiki/스시, 검색날짜: 2021년 8월 21일)

내가 좋아하는 음식

박민서

나는 요즘 같은 날씨엔 아이스크림을 좋아한다.

아이스크림은 다양한 재료를 섞어 틀에 넣어준 다음에 크림 위에 다양한 토핑을 얹고 내용물을 포장한 뒤 통째로 옮겨져 냉동틀로 이동한다. 그다음엔 급속 냉각을 거쳐 아이스크림이 완성되고 가게로 옮겨져서 우리가 사 먹는 것이다.

아이스크림의 맛은 종류에 따라 모두 다양한데 기본적으론 초코 맛, 딸기 맛, 민트초코 등이 있다. 맛은 초코 맛은 달달하고, 딸기 맛은 달달하고 새콤하다. 그리고 민트초코 맛은 달달하고 입이 개운하고, 시원하다. 이렇게 아이스크림은 만들어져서 가게로 오기까지 여러 과정을 거친다. 맛과 종류가 달라서 만들어지는 과정도 조금씩 다르다.

☑ 민서는 요즘 날씨에 특히 더욱 찾게 되는 음식을 적어줘서 선생님도 더 공감하며 읽었네. 민서는 아이스크림에는 어떤 재료가 들어갈지 궁금해지지 않니? 민서가 적어준 "다양한 재료"에는 어떤 것이 있을지, 그 중에서 민서가 제일 좋아하는 재료는 무엇인지 더 자세히 이야기를 듣고 싶다.

돈가스 조리법

김세연

나는 요리들 중 돈가스를 가장 좋아한다. 간단히 근처 식당에서도 먹을 수 있고 물리지도 않고 소스 없이도 맛있어서 자주 먹고 싶은 음식이다.

돈가스는 돼지의 등심 또는 안심을 사용한다. 등심은 고소하며 지방이 적고 안심은 등심보다 부드럽고 담백하다. (등심은 등부위, 안심은 허리뼈 안쪽 부위)

돈가스는 치즈돈가스, 옛날돈가스 등 많은 종류가 있지만 옛날돈가스의 얇고 넓은 고기가 난 정말 맛있다.

옛날돈가스의 재료는 등심과 안심, 소금, 후추, 밀가루, 빵가루, 달걀 2개가 필요하고 소스는 종이컵으로 물 2/3컵, 돈가스소스 2/3컵, 케찹 1순가락, 버터 1순가락, 밀가루 1순가락이 필요하다.

돈가스를 만들기 위해선

1. 고기를 고기 다지는 망치로 다진다.

2. 소금, 후추로 간을 한다.

3. 넓어진 고기를 밀가루 옷을 입히고 달걀 2개를 풀어 입힌다. 그다음 빵가루를 묻힌다.

빵가루를 제대로 묻혀야 튀김이 따로 놀지 않는다.

돈가스는 카레, 냉모밀, 우동 등 음식과 함께 먹으면 맛있다.

출처: 네이버 블로그, 검색일: 2021/8/21

☑ 세연이가 돈가스 중에서도 어떤 돈가스를 좋아하는지 맛을 자세히 설명해주어서 선생님한테도 그 맛이 잘 전달되네. 돈가스 레시피를 찾아서 잘 정리해주었는데, 세연이가 직접 이 레시피대로 요리해본 적이 있는지도 궁금하다. 식당에서 먹으면 금방 먹을 수 있는 음식도 직접 만들려면 이만큼 많은 재료와 정성과 시간이 필요하다니, 참 신기하지?

타코

조율

타코란, 그냥 또띠아에 음식을 올린 것이다. 타코의 종류는 여러 가지고, 지역마다 다르다.

타코의 유래는 스페인 식민시절 마야와 아즈텍 사람들이 또띠아를 만들었는데 이때부터 먹었다고 한다.

타코라고 불리는 이유. 타코는 18세기 스페인 식민지 시절 채광을 위해 만들어진 다이너마이트를 Taco라고 불렀는데 거기서 유래되었다는 설도 있고, 아즈텍어 Tlahco(중앙이라는 뜻)에서 나왔다는 설도 있다.

또띠아는 옥수수 또띠아, 밀가루 또띠아가 있다. 적당한 크기는 14~16cm 정도이다.

출처: 유튜브 '타코피디아'(https://www.youtube.com/@jwb8882002)

☑ 선생님도 몰랐던 정보를 알려줘서 고마워 율아! 음식 이름의 유래를 찾은 건 율이가 유일한 것 같네. 아마 타코라는 이름이 이국적이어서 율이도 궁금했던 거겠지? :) 그런데 선생님은 율이 글을 읽으니 타코라는

이름의 유래가 타코라는 음식과 어떤 관련이 있는지 좀 더 자세히 알고 싶어진다. 율이가 알고 있으면 선생님한테 꼭 설명해줘.

15

이야기 이어쓰기

어린이는 이야기를 좋아한다. 어릴 때는 쏟아지는 잠을 참으며 어른들에게 이야기를 해달라고 하고, 조금 더 커서는 스스로 이야기를 만들기도 한다. 인간은 왜 이야기를 지어낼까. 어린이를 위험으로부터 보호하고 스스로 방어할 수 있도록 가르치는 어른의 모습은 모든 동물들에게 다 나타난다. 특히 인간은 보다 더 먼 미래의 위험도 대비한다. 이때 일어날 수 있는 위험 상황을 이야기로 지어내 들려주면 아이는 직접 경험하지 않아도 주의를 기울일 수 있다. 호랑이에게 문을 열어줘서 잡아먹힐 뻔한 해와 달 오누이나 제비의 다리를 고쳐주고 부자가 된 흥부의 이야기를 들은 아이는 내가 겪은 일화처럼 그것을 기억 속에 저장하고 세상을 살아가는 하나의 길잡이로 삼을 수 있다.*

오늘날에도 이야기 짓기는 세상을 살아가는 데 도움이 될까. 어린이는 종종 "이야기 지어내지 마라"고 혼나기도 한다. 물론 이때 말하는 '이야기'는 '진실', '사실'과 반대되는 '거짓말'에 가깝다. 어른이 되어서도 사실과는 다르게 글을 쓰면 절대 안 되는 순간들이 있다. 기자가 보도를 할 때,

* 스토리텔링과 상상의 기술이 한 사람 혹은 집단의 생존을 위해 발전되어 왔다고 보는 진화론적 관점에 대해서는 마리아 니콜라예바, "Evolutionary Criticism and Children's Literature", Beauvais, C. & Nikolajeva, M 엮음, *The Edinburgh Companion to Children's Literature*, Edinburgh University Press, 2017, pp.289~297 참고.

연구자가 논문을 쓸 때, 변호사가 변호를 할 때가 그렇다. 한편 동화나 판타지 속 이야기는 '현실'과 반대되는 '상상'의 글쓰기라고 해야 할 것이다. 그런데 두 종류의 이야기가 분명하게 구분되는 걸까.

> 어제 선생님께서 하시던 말씀이 떠올랐다. "글짓기는 거짓으로 꾸미면 안 된다." 선생님 말씀대로 난 거짓으로 꾸미지 말아야겠다고 생각했다. 2, 3학년 때는 곧잘 거짓으로 꾸미곤 했었다. (…) 선생님께선 "상 받으려고 쓰지 말고 자기 실력을 발휘해라"고 하셨으나 1등을 하고 싶은 걸 어떻게 하나. 아이! 참 모르겠다. 꼴찌나 해버려라.
>
> - 경북 의성국민학교 4학년 안연희, 「오늘 아침」*

글쓰기 대회에서 1등을 받으려고 이야기를 꾸며 쓰던 아이는, 거짓으로 꾸며 쓰면 안 된다고 하신 선생님의 말씀이 기억나 이제 꾸며 쓰지 않겠다고 다짐한다. 우리가 읽는 이 일기는 꾸며 쓴 것일까, 아닐까. 글쓴이와 주인공이 같은 일기에서 절대적인 진실성을 판단하기는 특히 힘들다.

글방에서는 현실과 관련된 글쓰기를 할 때가 많지만, 상상 글쓰기를 소홀히 다루지 않으려고 한다. 현실에서 여러 제약을 받는 어린이는 현실 바깥에서 그 제약을 뛰어넘고자 한다. 실제로는 가질 수 없는 권한이나 능력을 스스로에게 선사하고 상상한다. 동화나 영화처럼 누군가 먼저 해본 그런 상상의 결과물을 접하고 나를 동일시해보는 과정도 중요하지만, 내가 직접 다른 선택지를 상상하는 것도 중요하다.

* 이오덕 엮음, 『우리반 순덕이』, 창작과비평사, 1984, 87쪽.

기왕 지어내는 김에 다 함께 몰두해보기로 한다. 앞 친구가 제시한 문장을 이어 한 문장을 짓고, 다음 친구가 그다음 문장을 이어가며 이야기를 만들어본다. 어떤 인물을 상상해보기도 하고, 어떤 가상의 나라나 학교를 상상해보기도 하고, 재미있는 사건을 상상해보기도 한다. 상상에 몰입하다 보면, 어느새 내 상상 속 세계는 내가 처음에는 구상하지도 못했던 것들로 채워진다. 세상 어디에도 없는 이야기의 공동 작가가 되어본다.

그렇게 아이들은 공동의 세계를 만드는 데 조금씩 일조하는 방법을 배우게 된다. 내가 하고 싶은 말이 있더라도 친구의 순서가 될 때는 양보를 해야 하고, 내가 원하지 않았던 문장을 받아 다음 문장을 이어가야 하기도 했다. 물론 손은 가만히 있지만 입은 쉬지 않는다. "아, 그게 말이 되냐고!" "그럼 ~라고 써!" 여태껏 혼자 쓰는 데 적응이 됐던 터라 그 자리에서 바로 의견을 조율하고 창작하는 과정이 힘들기도 했지만, 한 편의 이야기가 완성되고 나니 부쩍 가까워진 것 같다.

이야기 이어쓰기

유시율, 곽진호, 김선우

주인공의 이름 : 선아

때는 2120년 8월. 나는 잠에서 깨어 눈을 떴다. 전학을 간 학교에 가기 위해 집을 나섰다. 로봇들이 거리를 청소해 주고 있어서 거리는 깨끗했다. 전에 살던 마을과 달리 많이 깨끗했다. 학교를 보니 더 크고 화려해 보였다. 학교에 들어가니 로봇 선생님이 나를 반겨주었다. 친구들이 자율주행 의자에 앉아 공부하고 있었다. 내가 앉을 자리에 선아라는 이름이 띄워졌다. 내가 정답을 맞히니 내 점수가 높아졌다. 내가 발표할 때는 스크린에 내 얼굴이 떴다. 점심시간이 되었다. 근데 내가 빨리 조종하다가 선생님과 부딪혀 영혼이 바뀌었다. 하지만 난 그 사실도 모른 채 급식을 받고 친구들과 앉았다. 이상하게 친구들이 나를 피했다. 나를 왜 피하는지 친구들에게 물었지만 아무도 답하지 않았다. 급식을 다 먹고 화장실에 가서 거울을 봤더니 내가 우리 담임선생님의 모습을 하고 있었다. 나는 창피해서 나의 모습을 하고 있는 선생님에게 달려갔다. 선생님도 역시 나처럼 무척 당황해하고 있었다. 선생님이 선아에게 물었다. "이게 어떻게 된 일이니?" 선아가 이렇게 얘기했다. "아마 아까 전에 선생님과 부딪혀서 그런 것 같아요. 그럼 우리 다시 한번 부딪혀보는 건 어때요?" 하지만 그 방법이 실패하자 선생님이 방법을 찾을 때까지 이 상태로 일단 생활해보자고 말씀하셨다. 다음 날 나는 어쩔 수 없이 학교로 향했다. 선아가 엉망이 된 수업을 끝내고 선생님을 찾아가 말했다. "선생님 우리 빨리 되돌아갈 방법을 찾아야 해요!!" 선생님이 말했다. "선아야 우리 이대로 있으면 안 될까?? 내가 어린이가 돼서 참 좋아!" 선아가 화가 난 모습을 하고 선생님에게 말했다. " ....? 쌤! 그런 생각 버리세요!!!!!!! 전 싫단 말이에요!" 하지만 화가 머리끝까지 난 선아가 과학실에서 물약 하나를 만들어 와서 선생님에게 먹였다. 그래서 선생님은 개구리가 되었다. 그렇게 만든 선아는 궁금증에 한 방울을 먹고 파리가 되어 선생님이 선아를 잡아먹었다.

-THE END

☑ 이야기 도입부에 배경이 되는 학교에 대한 묘사가 꼼꼼해서 인상적이야. 영혼이 바뀐다는 설정도 재미있고, 마지막에 반전도 흥미롭다. 대사를 활용한 점도 좋고. 함께 만든 이야기인데도 이렇게 좋은 이야기의 요소를 잘 갖춘 이야기가 만들어졌다니 무지무지 칭찬하고 싶어.

AI의 로맨스

김세연, 김예영, 김민서, 조율

이 이야기는 우리 세상 얘기가 아니다.

2121년, 나는 지금 학교에 가기 위해 눈을 떴다. 우리 학교, 아니 이 세상은 학생이 사람이 아닌 다른 종과 함께 있고 나도 AI다. 길을 가고 있을 때 그 애와 눈이 마주쳤다. 좀비였다. 반가웠다. 세상엔 이렇게 인간, AI, 좀비 등 여러 종족들이 살고 있다. 학교에 가니 전학생이 왔다. 전학생 이름은 리처드, 그와 짝이 되었다. 우리 종족은 천민, 인간은 귀족이다. 그래서 우리들은 계속 학교생활을 하면서 괴롭힘당했다.

사건의 시작은 8월 31일, 8월의 마지막 날이었다. 나는 여느 때와 같이 괴롭힘을 당하고 있었다. 그때 나의 짝, 리처드가 도와주었다. 나는 리처드도 우리와 같은 천민인 줄 알았다. 하지만 리처드는 귀족 중의 귀족인 왕족이었다.

"왜 귀족씩이나 되면서 남을 괴롭히는 것이냐? 가문의 수치 같은 녀석들."

"넌 뭐야? 내가 누군지는 잘 알겠지? 각오해라!"

툭….

"끄악 내 손! 저 녀석 무슨 짓을 한 거야."

"다음엔 손으로 안 끝날 것이다."

(추가 설명: AI, 몬스터는 천민, 인간은 귀족, 인간으로 둔갑한 드래곤이 왕족이다.)

다른 친구들은 나를 천민이라 막 대하고 리처드는 왕족이라 친한 척이란 친한 척은 다 한다. 나와 리처드는 친해졌고 리처드는 나에게 평범한 천민처럼 살고 싶다고 말하였다. 나는 나의 연인 리처드의 바람이 이루어지길 기도한다.

- [x] 판타지 장르로 가게 된 건 처음에 누구의 선택이었을까 궁금해지네. 한정된 시간 내에 함께 이야기를 지어내는 게 쉽지 않았을 텐데, 재미있는 이야기를 하나 완성했어. 초반부에 제시된 이 이야기의 세계관이 흥미롭고, 서로 다른 종족들이 공존한다는 설정이 결국 인물들 사이의 갈등을 유발하는 원인이 되고 있다는 것도 개연성이 높아. 마지막에 여운이 있는 문장까지 정말 훌륭하다.

16

제발 내 말 좀 들어!

우리는 살면서 다른 사람에게 내가 무엇을 필요로 하는지 알려야 하는 상황에 부딪힌다. 어린아이는 울거나 떼를 쓰는 등 감정을 표현해서 필요한 것을 얻지만, 점차 나이가 들어가면 요구사항을 말로 설명해야 한다. 요구사항을 말할 때 감정이 여전히 불쑥불쑥 튀어나오기도 한다. 누군가를 설득하거나 무언가를 부탁하면서 괜히 억울한 마음에 눈물이 나기도 하고, 상대방이 안 들어주면 어쩌지 겁이 나기도 하고, 내가 왜 이걸 부탁하고 있어야 하나 짜증도 나고, 부끄럽기도 하다. 어린이의 자신감은 한순간에 만들어지지 않는다. 감정이 너무 북받치면 목소리가 떨리고 너무 작거나 또 너무 커져서 요구사항을 제대로 전달하지 못하기도 한다. 그럴 때 재촉하거나 윽박지르지 않고 가만히 얘기를 들어주는 어른이 있다면 자신감은 좀 더 빨리 채워진다.

글로 요구사항을 적다 보면 우리도 모르게 많은 것들을 알게 된다. 우선 왜 내가 그것을 필요로 하게 되었는지 상황을 좀 더 잘 파악할 수 있다. 이렇게 의견이나 요구사항을 말할 때 내세우는 이유, '논리'는 나에게도 중요하지만 글을 읽는 사람이 빠르고 정확하게 글의 내용을 알아차릴 때도 중요하다. 그리고 글을 쓰다 보면 내 요구사항을 더 잘 들어줄 상대방이 누구인지도 분명히 할 수 있다. 예를 들어 급식을 더 이상 먹고 싶지 않아요, 라고 요구할 때 상대방이 담임선생님인지, 영양사 선생님인지, 부모님인지에 따라서 글의 전략이 조금씩 달라진다.

다만 요구를 받은 이도 상처를 받을 수 있는 사람이라는 점을 기억하자. 이러저러한 것을 해달라고 요구했을 때 상대방이 항상 호의적이지만은 않다. 어린이가 자기 마음과 감정을 섬세하게 표현하는 법을 아직 배우는 중이란 사실을 잘 모르면 더욱 그렇다. 상대가 나의 요구를 거절하거나 심지어 화를 낸다면 어린이는 주눅들기 쉽다. 그럴 땐 내 주장이 틀렸거나 절대 받아들여질 수 없다고 생각하기보다, 나의 어떤 표현이 상대의 마음을 상하게 했을까 고민해보는 게 더 좋다.

우리가 보기에 걸음글방 어린이들은 하고 싶은 말을 삼키지 않고 분명하게 말할 준비가 되어 있는 친구들이다. 그 상대방에는 우리도 예외가 아니었는데, 세연과 진호는 글방 숙제에 대한 불만이 있었다. 잘못된 점을 고치러 글방에 왔는데 선생님들이 좋은 피드백만 해서 아쉽다는 세연, 글감을 애매하게 내지 말라는 진호, 동생 민찬에게 누나 말을 잘 들으라는 민서, 핸드폰을 바꿔달라는 예영 등을 보면 안심이 된다. 때로는 요구사항이 좌절되거나 시간이 좀 걸리더라도 그것을 요구했던 목소리를 저 몸들은 기억하고 있을 테니 말이다.

세연이의 불만

김세연

나는 글방 선생님들의 의견 보내주시는 것에 조금 불만이 있다. 나는 피드백을 받을 때 선생님의 의견과 보충할 점을 써주시길 바랐는데 좋은 점만 말해주셔서 너무 아쉽다. 나는 글을 잘 쓰고 나의 잘못된 점을 고치러 왔는데 보충할 점을 안 써주셨기 때문이다.

예영이와 민서 그 둘도 조금 불만이 있다. 지난주의 협동 이야기 쓰기를 할 때 협동이라는 것이 거의 없었다.

서로 도우며 같이 써야 하는데 오히려 방해를 해서 너무 답답했다. 동생들이 좀 협조를 했으면 좋겠다.

물론 모두 바라는 대로 됐으면 좋겠다고 생각하지 않는다. 하지만 어느 정도만 바람대로 됐으면 좋겠다.

☑ 세연의 글을 읽고 선생님은 등에서 식은땀을 흘리고 있어. 잘못된 점을 고쳐서 더 좋은 글을 쓰려고 글방에 왔는데 왜 저 선생님들은 이미 충분히 좋다고만 말할까. 우리를 칭찬받지 못하면 쉽게 상처받는 그런 어린이로 아는 걸까. 그렇게 글이 묻는 것만 같네. 이제 선생님들도 너희의 글을 읽고 피식피식 나오는 웃음과 감탄을 조금 억누르고 더 단단한

마음으로 글을 읽어야겠어. 바라는 대로만 되는 게 다 좋지는 않다고 말하는 세연의 의젓함에서 더더욱 그래야겠다는 마음이 들어.

엄마 설득하기

유시율

예전에 나는 스마트폰이 아닌 폴더폰이었다. 다른 친구들은 모두 스마트폰인데 나만 폴더폰이어서 다른 친구들이 부러웠다. 처음에는 그냥 스마트폰을 사달라고 조르기만 했다. 하지만 절대 먹히지 않았고 그때부터 엄마를 설득하기 시작했다. 시율: "엄마 내가 다녀 봤는데 편의점에서 간식을 먹으려면 QR코드도 필요하고 전화할 때도 너무 불편하고요. 스마트폰으로 바꿔주시면 안 돼요? 제발요." 엄마: "알았어, 아빠랑 상의해볼게." 시율: "알았어요." 나는 점점 기대심이 부풀었다. 그리고 며칠 후 스마트폰이 왔다! 그리고 엄마와 약속하기로 했다. 엄마와 나는 스마트폰 계획을 짜기로 했다. 가끔은 계획을 안 지켜서 엄마가 폭발하기도 하지만 스마트폰이 생겨서 너무 좋다! 갖고 싶었던 스마트폰이 있어서 정말 행복하다!!!

☑ 시율이 요구 사항을 말하고 해결했던 경험, 다른 친구들에게 아주 유용하겠는걸? (스마트폰이 아직 없는 분들은 빨리 이 페이지를 접으세요) 첫째, 스마트폰이 없어서 불편한 점 여러 가지를 하나씩 차분하게 설명한다. 둘째, 부모님이 결정하실 시간을 충분히 드린다. 셋째, 스마트폰을

올바르게 사용할 수 있도록 규칙을 부모님과 함께 정한다. 그리고 핸드폰을 사주신 건 부모님이지만 핸드폰의 주인은 시율이기 때문에 시율의 엄마도 함께 약속을 함으로써 그것을 존중하고 있어.

시율이의 스마트폰 규칙

(9월 추석 전 암기 종료. 9월까지 총정리)

1. 시율이는 스마트폰을 잃어버리지 않는다.
2. 시율이는 길거리에서 스마트폰을 사용하지 않는다.
3. 시율이는 밖에서 친구들과 모여 스마트폰을 하지 않는다.
4. 시율이는 어른 채널이나 이상한 게임 등을 하지 않는다.
5. 시율이는 스마트폰을 이용해서 어떠한 결제도 하지 않는다. 만약 사고 싶은 물건이 있을 시에는 엄마께 이야기하고 상의해서 같이 산다.
6. 집에 와서 스마트폰을 무분별하게 사용하지 않고 규칙대로 사용한다. 엄마가 끄라고 하면 반드시 바로 끈다.
7. 밥 먹을 때 스마트폰 사용 금지(카톡 연락 제외)
8. 밤 9시 이후 스마트폰 사용 금지
9. 잠잘 때 켜지 않기.
10. 동생과 함께 보기도 하기(동생 보여주기)
11. 모든 시율이의 할 일을 끝내고 허락 후 스마트폰을 사용한다.
12. 이 모든 규칙들을 무시하고 지키지 않을 경우 스마트폰 압수 및 반환
13. 옐로카드 받을 시 다음 날까지 스마트폰 사용 금지
14. 레드카드 받을 시 일주일 스마트폰 사용 금지
15. 레드카드 이후는 원아웃 제도 도입으로 모든 앱 사용 금지(전화만 가능)
16. 투아웃 시 스마트폰 해지. 폴더폰으로 돌아간다.
17. 시율이는 스마트폰 악세사리에 돈을 낭비하지 않는다.

18. 시율이는 스마트폰을 이용해 경제 공부를 열심히 하고 직접 돈을 관리한다.
19. 시율이는 엄마의 걱정을 덜어주기 위해 검사를 맡고 유튜브를 사용한다.
20. 시율이는 스마트폰 사용 시 자세를 바로 하고 눈이 아프지 않게 사용한다.

시율맘의 규칙

1. 시율이의 스마트폰을 보지 않기.
2. 앱들을 잠그지 않기(시율이가 규칙을 지키지 않는 경우는 잠금할 수 있음)

요구사항을 논리적으로 말하기

김예영

나의 핸드폰은 어떻게 보면 무리일 수 있지만 난 불편하다. 터치가 안 될 때도 있고 켤 때 느리기도 하다. 그리고 이건 아빠한테 물려받은 거라 10년이 훌쩍 넘었다. 이건 너무 불공평한 게 아닐까? 엄마와 아빠는 최신 폰으로 바꿔놨으면서 나는 이런 물려받은 걸 받았다. 나도 엄마 아빠와 같은 최신 핸드폰을 갖고 싶다!

☑ 핸드폰을 처음 받았을 때는 예영도 분명 기뻤겠지. 그러나 기쁨도 잠시, 10년이 지난 핸드폰은 마음에 들지 않고... 이럴 땐 부모님이 갖고 있는 최신 폰보다는, 나와 비슷한 또래 친구들이 갖고 있는 핸드폰에 비해서 내 것이 어떤 점이 불편한지 잘 설명드려봐. (샘이 썼던 방법)

요구사항이 없음

곽진호

나의 요구사항은 선생님이 글쓰기 숙제를 애매하게 내주신다는 것이다. 만약 내가 좋아하는 음식이 없었으면 저번 주에 글을 못 적었을 것이다. 그래서 주제가 너무 애매하다.

그래서 주제가 좀 더 보완되었으면 좋겠다. 왜냐하면 내가 좋아하는 것이나 싫어하는 것이나 당황한 일 등이 없지는 않지만 무조건 있다는 보장이 없기 때문이다. 오늘도 요구사항이 없어서 이 글을 쓰고 있기 때문이다. 물론 주제가 없을 수는 없기에 적어도 어떤 경험, 또는 좋아하는 것이나 싫어하는 것처럼 없을 수도 있는 것 말고 친구(적어도 글방 친구들이 있기 때문이다) 등 무조건 있거나 있을 확률이 높은 것이었으면 좋겠다. 이게 내 요구사항이다. 그런데 이것도 애매해서 논리적으로 쓰기는 힘들다.

결론은 주제가 조금 덜 애매해지면 좋겠다. 없으면 못 쓰는 것 말고 그 없을 경우가 없는 것이었으면 좋겠다.

☑ 오늘 샘 등에 식은땀이 마를 길이 없네. 맨 첫 주 싫어하는 것은 ( )라고 했던 진호의 괄호 안이 무엇으로 채워질지 알겠다. 진호는 애매한 것을 싫어해. 진호에게 애매하다는 것은 하나로 딱 떨어지는 것이 아니라 없

을 수도 있는 것, 아니면 너무 많아서 하나를 고르기 어려운 것들이지. 그래서 없으면 없다고 솔직하게 말하거나, 하나를 고르지 않고 아예 다 써버리는 것이 진호의 글쓰기가 갖는 독특함이야. 그런데 그렇게 완성된 한 편의 글이 주제와 아주 동떨어져 있지도 않아. 진호는 요구사항이 없다고 했지만 오늘도 아주 확실하게 요구를 하고 있잖아.

민찬이에게

박민서

애들아 너네들 특히 박민찬은 제발 좀 말을 잘 듣자. 밤에 막 시끄럽게 하고 뛰어다니거나 내가 뭔가를 해놨을 땐 건들지 말자. 그리고 내가 조용히 하랬을 땐 조용히 하고. 안 그러니까 나도 혼나잖아. 이거 외에도 더 많아. 이제 니가 왜 내 말을 잘 들어야 하냐면 첫 번째론 니가 내 말을 잘 들으면 너한테 잘해주겠지? 그리고 두 번째, 내가 너희한테 줄 수 있는 것도 많아. 세 번짼 쿵쿵거리고 시끄럽게 하니까 자꾸 혼나는 거잖아. 그리고 제발 까불지 좀 마. 민주도 그렇고. 그니까 말을 좀 잘 들으라고. 알았지? 너네가 말을 안 들으니까 내가 너네한테 화내는 거 아니야. 말 좀 잘 듣자. (지금도 말 안 듣고 있음)

☑ 멀지 않은 미래에 민찬이가 글을 읽고 쓰는 나이가 되었을 때 이 글의 독자가 된다면 어떨지 궁금해. 내가 이렇게 말을 안 들었어? 하고 머쓱해할까. 아니면 그땐 아직 어렸을 때였잖아, 하고 억울해할까. 지금 민서는 허공에다 토로하는 신세를 답답해하고 있지만 언젠가는 'K장녀' 민서의 수고가 이해받는 날이 올 거야.

17

내 몸과 친해지기

우리는 살면서 우리 자신의 몸을 언제 처음 보게 될까? 프랑스의 정신분석학자로 알려진 자크 라캉의 거울 단계 이론에 따르면, 어린아이는 거울에 비친 자기 몸을 보게 되며 자기 자신에 대한 상을 갖게 된다.* 그 이전에는 팔이나 다리, 배 등 자기 몸의 부분을 만져보거나 눈으로 보며 따로따로 감각했다면, 거울을 통해 그것이 합쳐진 몸을 보게 되며 '어, 저 몸이 나네?' 하고 생각하게 된다는 것이다. 한 사람이 나라는 사람에 대한 의식을 갖고 성장하는 데에는 자기 몸에 대한 인식이 중요하다.

그런데 몸에 대한 감각과 인식이 '나'라는 존재를 설명하는 데 아주 중요한 영향을 끼치는 것에 비해 우리는 몸을 들여다볼 기회를 많이 가지지 못한다. 특히 우리 사회에서 몸을 드러내는 일은 부끄러운 일이라 여겨지고, 몸에 대한 학습은 공적인 교육이 아니라 집에서 같은 성별의 구성원으로부터 비밀스럽게 전해져야 하는 것이라 생각하는 경우도 있다. 그렇게 아이들이 자기 몸을 숨겨야 할 것으로 여기게 될수록 몸에 대한 고민은 누구와도 쉽게 나누지 못하고 혼자서 끙끙 앓게 된다. 내 외모가 남들보다 못난 것 같다고 느껴질 때, 키가 남들보다 너무 크거나 작다고 느껴질 때, 몸집이 남들

* 대니 노부스, 『라캉 정신분석의 핵심 개념들』, 연구집단 문심정연 옮김, 문학과지성사, 2013.

보다 너무 크거나 작다고 느껴질 때, 2차 성징이 남들보다 너무 빠르거나 늦다고 느껴질 때, 아이들은 이런 고민들을 누구와 나눌 수 있을까? 우리는 이번 글방 수업에서 '몸'에 대한 글쓰기를 하며 아이들이 "왜 나는 평범하지 못한 걸까?"라고 생각하기보다 모두가 제각각 특별한 몸을 가진 존재라는 것을 생각하기를 바랐다. 자기 몸의 고유한 특징들을 잘 이해하고, 몸과 관련된 고민들을 허심탄회 나누며, 무엇보다 자기 몸을 사랑할 수 있게 되기를 바랐다.

일단 시작은 관찰이다. 거울 앞에 서서 자기의 이목구비나 몸통, 팔다리를 볼 수도 있다. 목욕탕에 가거나 혼자 샤워할 때 몸을 구석구석 씻으면서 자기 몸을 살펴볼 수도 있다. 몸을 관찰하다 보면 우리 몸이 매일매일 조금씩 달라진다는 것을 알아차리게 된다. 특히 성장기의 몸일수록 전에 없던 변화가 눈에 띄기도 한다. 어쩌면 아이들은 작년에 비해 키가 훌쩍 컸을 수도 있고, 몸무게가 많이 늘어났을 수도 있고, 털이 나지 않던 곳에 털이 나기도 했을 것이다. 또는 이를 뽑고 난 후 새 이가 자라는 걸 볼 수도 있고, 어쩌다 생긴 상처가 몸에 남아 내 몸의 일부가 되어버린 것을 알게 될 수도 있다.

그렇게 관찰하다 보면 자기 마음에 들지 않는 부분이 있을 수도 있고, 몸이 어떻게 달랐으면 좋겠다고 소망하는 마음도 들 수 있다. 몸 관찰기에는 그러한 솔직한 마음까지 적힐 수 있다. 아이들은 예상보다 진솔하게 자기 몸에 대한 고민을 솔직하게 나누어주었는데, 함께 그 글을 읽고 대화를 나누다 보니 신기한 일이 벌어졌다. 그렇게 자기 몸을 관찰하고 글을 쓰게 된 아이들은 자기 몸의 특별함을 조금이나마 느끼게 되었던 것 같다. 내 몸이 세상 어느 누구의 몸과도 똑같지 않다는 것이 소중하게 느껴지는 것이다. 나만이 가지고 있는 나의 몸. 우리는 이런 나의 몸과 친해질 수 있을까?

내가 크면서 생긴 몸의 변화야

김예영

1. 키가 커짐

라떼는 키가 막내동생만 했지만 지금은 156cm이라는 점.

2. 혼자 잘 수 있게 됨

라떼는 혼자 절대 못 잤음. 그래서 시도도 못 함.

3. 핸드폰이 새내기임.

라떼는 핸드폰이 아니라 키즈폰이었다~ 이 말이야. 근데 주라고 안 했는데 걍 주심;;

4. 안경을 쓰게 됨

라떼는 말이야 으잉? 티뷔를 너~무 가까이서 봤어요. 안경이 끼고 싶긴 했는데 일부러 가까이 간 게 아니라 잘 안 보여서 무튼 지금은 안경이 너무 벗고 싶어…(또르륵)

자 지금까지 나때는 이랬다~ 하는 교육 시간이었습니다~*^^*

☑ 이번 글은 예영이가 "나때는~" 같은 '꼰대' 말투를 설정해 글을 썼네.

왜 옛날얘기를 하면 '꼰대'처럼 보이게 되는 건지 모르겠어. 이번 글에서 또 흥미로운 점 중에 하나는 3번에서 핸드폰 이야기를 한 점이야. 몸의 변화가 주제였는데, 핸드폰 이야기를 한 것은 핸드폰이 예영이의 몸처럼 가깝게 느껴졌기 때문일까?

옛날과 지금 나의 몸의 변화

김선우

평소 나는 키와 몸무게를 잰다. 내 키가 3학년엔 136cm 정도였다. 근데 4학년인 지금은 141cm이다. 그래서 1년 동안 5cm 자랐다. 그래도 2~3학년엔 아예 키가 자라지 않았다. 몸무게는 이것만 알려주겠다. 6kg 늘었다.^^ 머리카락은 중간에 자른 적이 있어서 정확히는 모르겠지만 머리를 자르지 않았다면 가슴까지 왔을 것이다. 그리고 이건 좀 그런데 가슴이 생겼다. 엄마가 옛날엔 대부분 초6~중1 사이에 생겨난다고 했다. 일찍인지, 늦은 건지 모르겠지만…. 다행히 병원에서는 정상이라고 한다. 그리고 옛날엔 수영과 벨리댄스를 해서 탄탄한 복근을 가진 몸이었지만 지금은 코로나로 집에서 뒹굴뒹굴 노니까 복근이 다 사라지고 엄마가 알려주셨는데 셀룰라이트가 생겼다. 그리고 또한 요즘 배가 많이 고픈 건지 뭔지 이상하게 두 그릇씩 먹는다. 그리고 간식을 또 먹을 수 있는 배도 있다. 이렇게 나의 몸의 변화를 보니 아주 많이 크고 많이 자란 것 같아서 기분이 이상하면서 아직 중학생 같은 언니들 몸은 아니지만 조금씩 조금씩 자라나고 있는 것 같아서 뿌듯하다.

- [x] 선우는 자기 몸의 변화를 유심히 관찰했구나. 몸의 변화를 꼼꼼하게 적어줘서 좋아. 선우가 적은 것 중에는 '2차 성징'이라고 부르는 변화도 있는데, 자연스러운 성장 과정이야. 이 글을 보니 선우의 몸과 마음이 점차 성숙해지는 게 느껴진다! 아, 그리고 복근은 너무 무리해서 만들지 않아도 아주 건강해 보이니 무리하지 말길!

내 몸의 변화

박민서

내가 살고 있는 시간만큼 내 몸에도 변화가 생겼다. 첫 번째로 키가 컸다. 무려 방학 동안에 2cm나 컸다! 두 번째론 안경을 꼈다. 눈도 1학년 때 쟀을 때보다 더 나빠졌고 사시도 있었다. 세 번째론 피부가 더 탔다. 원래 좀 그랬는데 더 많이 탔다. 선크림도 안 바르고, 모자도 안 쓰고 막 다녀서 그런 것 같다. 네 번째론 머리도 더 길었다. 지금은 2cm 정도 잘랐다(아까운 내 머리).

☑ 아마 민서네 집에도 민서와 민서의 동생들이 자란 키를 벽에 표시해놓은 흔적이 있겠지? 민서가 방학 때 2cm나 컸다는 걸 알아차린 걸 보면 아마 그럴 것 같아. 민서가 살고 있는 시간만큼 민서 몸에 생긴 변화도 정말 신기하게 느껴져. 지금 민서가 이 글을 다시 읽고 있을 때는 어떻게 달라져 있을지 정말 궁금하다.

나의 신체 변화

곽진호

내가 생각하는 나의 신체 변화는 여러 가지가 있다.

첫 번째는 안경을 썼다는 것이다. 몇 년 전부터 쓴 것을 아는데 언제인지 기억이 안 난다. 이유는 근시*이다. 그것 때문에 안경을 썼다.

두 번째는 키가 커졌다. 키가 크는 건 당연하지만 나는 키가 그래도 조금 많이 커진 것 같다.

세 번째는 몸이 커졌다. 이것도 당연한 일이다. 그래서 너무 쓰기가 힘들다.

네 번째는 내가 기억력이 좀 더 좋아지고 유추할 수 있는 범위가 넓어졌다.

안경 쓴 것 빼고는 크게 달라질 수 있는 것이 없어서 이것도 힘들다. 뭔가 좀 심오하게 쓸 수 있는 것이 안경 쓴 것에 대한 달라진 점 정도 쓸 수 있다. 나머지는 뭐 키가 크고, 몸이 커지고, 팔다리가 커지고, 뇌세포가 증가하고 그런 것들은 무조건 자란다. 물론 병에 걸리면 안 자랄 수도 있겠지만 그래도 기본적으로 자란다.

* 빛이 망막 대신 그 바로 앞에 맺히는 증상을 말한다. 그래서 먼 거리의 물체는 흐리게 보이고 가까운 물체는 정상으로 보이게 된다.

그렇기에 이 주제도 난이도가 있는 것 같다.

2021/09/10(금)

진호가 씀.

☑ 진호는 진호 몸에 생긴 변화가 별로 특별해 보이지 않아서 이번 주제가 어렵게 느껴진다고 했는데, 선생님은 진호의 변화가 정말 특별해 보이는걸. 눈이 나빠진 것, 키가 커진 것, 몸이 커진 것, 기억력이 좋아진 것, 이 모든 일들은 "무조건" 일어나는 일은 아닐 거야. 진호는 몸의 변화가 낯설거나 자랑스럽거나 싫다고 느껴진 적은 없을까? 몸의 변화에 대한 자기의 감정을 들여다보고, 이를 좀 더 설명해주면 진호가 원하는 "뭔가 좀 심오하게 쓸 수 있는 것"이 나올지도 모르겠다고 생각해보게 되네. 꼭 글이란 게! 심오할 필요는 없지만 말야.

내 모습 달라진 점 찾기

유시율

나는 크면서 많은 것이 변했다.

1. 키. 키는 크면서 자라는 것은 당연하다. 그런데 요즘 키가 부쩍 커졌다는 이야기를 많이 듣는다. 친구들, 선생님들에게도 많이 들었다. 학교에서 키 순서를 새로 정하는데 나는 8번이다. 뒤에는 친구 2명이 있는데 더 뒤로 가기 싫어서 선생님이 키를 잴 때 몰래 고개를 숙였다. 다행히 뒤로 가진 않았다.

2. 여드름. 하 진짜 싫다! 여드름 요즘 마스크 때문에도 예민하고 여드름이 생기면 너무 짜고 싶다.

3. 발. 나는 발이 진짜 큰 편이다. 아빠가 발이 큰데 유전인가 보다.

4. 나는 덧니가 있다. 엄마도 덧니 있는데 이것도 유전인가 보다. 그래도 덧니가 싫지는 않다.

오늘 글쓰기 덕분에 나의 몸에 대한 것을 다시 한번 생각해보는 시간을 가질 수 있었다.

☑ 시율이가 몸에 관해 이런 걱정을 하고 있었다니 몰랐네. 키가 큰 거나 여드름이 나는 거 모두 마음에 안 들 수 있지만, 덧니를 싫어하지 않는

것처럼 이런 특징들도 너무 미워하지 않았으면 좋겠어. 시율이가 얼마나 예쁜지 모르는 사람은 없을 거야.

나의 발전

김세연

이번 주 주제를 선생님께 들었을 때 걸음글방 글 주제 중 가장 막막했다. 선생님이 바라는 게 어떤 의미인지는 알겠으나 어떻게 해야 부드럽고 정신적 성장을 잘 표현해야 할지 감을 못 잡았다. 나는 1학년 때부터 3학년 때가 지금의 나와 가장 차이가 나므로 그때를 기준으로 쓴다. 나의 몸은 1학년 때 22kg, 123cm, 시력이 1.2, 1.0이었다. 하지만 지금은 키 약 150cm, 몸무게 약 56kg, 시력이 0.6, 0.9이다. 온라인 수업과 게임 시간도 늘고 성장기라 많이 먹어 옛날에 비해 몸 상태가 안 좋아졌다. 사람에겐 마음의 성장이라는 것이 있다. 내가 1~3학년 때의 만화 취향이 달라졌다. 어릴 땐 헬로카봇을 봤다면 지금은 로맨스, 판타지, 드라마를 많이 본다. 나의 취향이 다양해졌다. 그리고 옛날에는 화를 참지 않고 남을 잘 이해하지 못했다. 나의 이해도가 90%, 남의 이해도가 10%였다면 지금은 내가 60%, 남의 40% 정도를 이해하는 것 같다. 나에겐 관대하고 남에겐 인색한 생각이 나아졌다.

3학년 때 남에겐 인색하고 나에겐 관대해 생겨났던 일이다. 그땐 내가 체스를 좋아해 엄청나게 하고 있을 때다. 그래서 급식을 먹고 체스를 하려고 그쪽으로 갔었는데 이미 다른 애들이 점령

했었다. 그래서 나와 친구 A가 마지막 차례였다. 하지만 게임 시간이 줄어들자 승부가 안 나던 친구들에게 빨리 끝내라고 소리쳤다. 그러더니 친구 B, C가 분노조절장애라며 놀렸다. 원래 체스 자체가 좀처럼 쉽게 끝나지 않는 게임인데 그걸 참고 이해하지 못해 생겨난 과오였다. 지금의 나라면 아마 "오늘은 시간이 안 되니까 내일 마저 하자."라고 좀 더 좋게 말했을 것이다. 이렇게 다시 나의 마음, 정신이 성장했음을 알 수 있다.

이번 글은 나의 성장에 대해 무관심했던 모습을 자세히 나타내주었다. 어릴 때가 지금보다 훨씬 나았다고 생각했는데 아니었다. 사람에겐 성장하기 전 모습에도 성장 중인 모습에도 성장한 모습에도 하나하나 버릴 것 없는 소중한 것들이 있다. 그러니 지금의 몸에 불만 갖지 말고 앞으로도 사랑해줄 것이다.

☑ 몸의 변화를 관찰하라는 주제였는데도 세연이는 몸의 변화뿐만 아니라 마음의 변화까지 써주어서 대단하다고 생각했어. 세연이의 글을 읽으니 성장의 의미가 참 다양한 것 같다는 생각이 새삼 든다. 하루가 멀다 하고 성장해가는 세연이의 모습에 감동을 받아.

옛날과 달라진 몸

조율

난 별로 변한 게 없지만 써보겠다.

키. 솔직히 키도 많이 컸는데 내 친구들이 키가 어엄청 커서 난 작아 보인다.

발. 나는 옛날에 발이 작았는데 요즘은 한 150mm~155mm 정도 된다.

피부색. 예전에는 여행을 자주 가서 완전 까맸는데 요즘은 너무 하얘졌다.

내 몸이 달라진 점은 이 정도 있었다. 생각보다 없어서 신기했다.

- ☑ 수업에서 율이가 키가 작아 보이는 거에 대한 고민을 나눠준 것이 생각나네. 선생님은 율이가 충분히 멋지게 잘 자라고 있다고 느껴왔는데, 율이를 비롯해서 글방 친구들이 저마다 자기 몸에 대한 고민을 조금씩 하고 있다는 것이 조금 놀라워. 남들과 비교하기보다 율이가 율이의 시크한 외모와 운동을 좋아해서 만들어진 건강한 몸이 가진 매력이 얼마나 큰지 더 잘 알았으면 좋겠다는 선생님의 소망을 전할게!

18

추상적인 것과 구체적인 것

우리가 매주 글쓰기 숙제에 쓰는 코멘트의 90퍼센트는 더 구체적으로 써보자는 말이다. "언제, 어디서 그랬어?" 구체적인 시간과 장소를 묻기도 하고, "이거를 어떻게 했어? 샘도 하고 싶다." 전혀 모르는 사람처럼 방법을 묻기도 한다. "어떤 느낌이었는지 더 설명해줄 수 있어?" 기분이나 감각을 설명하는 일은 조금 더 어렵다. 아직 표현의 언어를 내 안에서 더 늘려가는 중인 아이들을 비난하거나 강요할 수는 없지만, 어린이들을 붙잡고 우리는 집요하게 물어본다. 안다. 무수히 많은 상황과 맥락들을 '너무' '아주' '엄청'과 같은 부사로 퉁쳐버리고 싶은 저 욕망은 글을 처음 쓰기 시작하는 지금뿐 아니라, 앞으로도 계속될 것이다. 추상적인 말을 쓰는 건 쉽다. 좋아하는 사람이 생기면, 그냥 "사랑해" 하면 되니까. 이걸 구체적으로 바꾸는 건 어렵다. 상대방이 "나를 어떻게 사랑하는데?" 물으면, 말문이 턱 막혀버린다. 글 잘 쓰는 사람을 가릴 수 있는 특징을 단 한 가지만 꼽으라면 결국 얼마나 구체적으로 쓸 수 있느냐인 것 같다.

당장 나부터가 '추상'과 '구체'를 어떻게 구체적으로 설명할지 고민에 빠진다. "우리는 모두 어딘가에 속해 있어요. 우리 가족, 대한민국 국민, 서울시 시민, ㄷ초등학교 학생, 남자 또는 여자, 인간, 민트초코를 좋아하는 또는 싫어하는 사람… 이번에는 조금 어렵지만, 나라는 사람을 여러 개로 나눌 수 있는지 살펴볼까요. 머리, 가슴, 배, 근육, 뼈, 물, 혈관, 적혈구, 세포, 산소와 이산화탄소…”

“모든 대상은 자신보다 더 큰 대상 안에 속해 있는 동시에 자기도 여러 대상들로 쪼개질 수 있어요. 이때 이것저것 다 집어삼키기 쉬운 큰 대상을 ‘추상적인 것’이라고 하고, 여러 대상으로 쪼개진 작은 대상을 ‘구체적인 것’이라고 해요. 기쁨, 슬픔, 재미와 같은 마음은 하나로 딱 정하기가 어렵고 여러 다른 감정들도 포함되어 있으니까 추상적이죠. 그런데 맵다, 차갑다, 파랗다와 같은 감각이나, 얼음, 발바닥과 같은 사물은 그 느낌이나 모양이 딱 정해져 있으니까 훨씬 더 구체적이라고 할 수 있겠죠. 사실 추상적인 것과 구체적인 것은 기준에 따라 바뀌기도 해요. 세포에 비하면 인간은 추상적인 것이지만, 존재나 사랑에 비하면 구세적인 것이지요?”

우리는 말을 하거나 글을 쓰면서 추상적인 것과 구체적인 것을 섞어서 쓰고 있다. ‘더운 여름날 아이스크림을 사 먹고 행복에 빠진 세연이’와 같은 문장에서 여름날, 행복 같은 것은 추상이고 덥다, 아이스크림과 같은 것은 구체라고 할 수 있겠다. 글을 쓰려면, 우선은 추상적인 것을 구체적인 것으로 잘 쓰는 연습을 해야 한다. 글을 쓴다는 것부터가 머릿속에 들어 있는 추상적인 생각들을 눈에 보이는 구체적인 단어들, 문장들로 변신시키는 작업이다.

어린이도 추상적인 글감보다는 구체적인 글감을 더 좋아한다. 가장 최근에 내가 사 먹었던 것, 옆자리 짝이 쉬는 시간에 하는 행동, 급식실에서 내가 가장 좋아하는 반찬 같은 것을 물어보면 곧잘 써 온다. 추상적인 글감을 자유롭게 선택하라고 했더니 그야말로 가지각색이다. 진호는 ‘말이 안 되는 주제’라고 제목을 붙였다. 맞는 말이다. 추상은 좀처럼 말이 되기 어렵다. 예영이는 표준국어대사전을 찾아서 그대로 옮겼다.

시간과 희망

박민서

나는 시간과 희망에 대해 설명해보려 한다.

내가 시간에 대해 느꼈을 때가 있다. 어떤 때냐 하면 밝았던 하늘이 아침이 돼서 어두워진다든가 숙제를 하기 전에 잠깐 쉬다가 잠깐이 아니게 될 때는 시간에 대해 느끼게 된다.

또 희망은 내가 숙제를 안 하고 몰아서 할 때 시간을 계산해서 할 수 있을 정도일 때 희망을 느낀다.

그리고 꼭 해야 할 것을 거의 다 했을 때 희망을 느낀다.

이렇게 이런 것들을 느낄 때가 있는 것 같다.

☑ 시간이라는 단어의 희미함을 알아차리다니 대단해. 맞아, 시간은 정말 아무 느낌도 없이 흘러가는 것이지. 그 시간을 눈과 귀로 느끼고 싶어서 인간은 시계를 만들고, 알람을 맞추고, 달력을 걸어왔어. 민서는 조금 더 생생한, 민서만이 느낄 수 있는 방법을 찾아냈구나. 수업 중에는 그렇게 흐르지 않던 시간이 숙제를 하다가 쉴 때는 왜 그렇게 빨리 가는지. 흘러간 시간뿐 아니라 아직 오지 않은 시간도 우리는 느낄 수 있어. 보이지 않는 시간을 숫자로 세다 보면 그 순간 마음에 깃드는 두근거림을 민서는 희망이라고 표현했네.

아름다운 단어들

김세연

물질적으로 존재하지 않는 것들, 예를 들어 행복, 사랑 같은 물질적인 외형이 존재하지 않는 단어들을 "추상적인 단어"라고 한다. 오늘 이런 단어들 중에서도 내가 표현할 단어는 안심이다.

굳이 왜 안심이냐면 내가 가장 최근에 겪은 추상적 단어이기도 하고, 평소에 쉽게 접할 수 있기 때문이다.

이 단어를 문장, 나의 경험, 이야기로 표현해볼 것이다.

첫 번째는 문장으로 표현하기:

- 괴한으로부터 벗어나 경찰서에 가자 그제야 안심이 되었다.

두 번째는 나의 경험으로 표현하기:

산마루에서 가창시험을 열심히 연습한 후 목이 쉬었을 때 하필 내가 뽑혀서 너무 떨렸지만 다음 날로 미뤄졌다. 목이 나을지 몰라 긴장감의 연속이었다. 그리고 다음 날 친구들의 위로와 선생님의 호평을 받으니 괜찮은 점수를 받은 것 같아 큰 짐을 버린 느낌이 들었다.

세 번째. 이야기 만들어 쓰기:

[난 어릴 때부터 놀림당하고 부모란 사람에게 욕이나 먹고 무시당하면서 죽지도 살지도 못하며 있었다. 결국 13살이란 어린 나이에 춥고 배가 고파서 기절했다. 눈을 떠보니 처음 보는 곳이었다. 그곳은 따뜻하고 편안했다.

“여기가 어디예요?”

“꼬마야. 다 쉬었으면 이제 가라.”

손이 떨렸다. 지금까지 당해온 놀림과 무시나 공허 곁으로 다시 돌아가고 싶지 않았다.

“응? 왜 그러냐?”

“전 집으로 돌아가고 싶지 않아요. 같이 살게 해주세요.”

“흠 알겠다. 대신 어린 네가 하기 어려운 일들도 시킬 거다. 그래도 괜찮다면 나와 같이 살자.”

그렇게 나와 아저씨의 살림이 시작되었다. 아저씨는 나에겐 ‘가족’ 같은 존재였다. 이런 행복한 삶이 한동안 이어지자 안심이 되었다. 마음이 편안해지고 행복했다. 쫓아오는 것이 사라져 불안감이 없어진 것 같은 느낌이었다]

안심이란 이런 것이다. 이렇게 해서 문장 만들기, 나의 경험쓰기, 이야기 짓기로 안심의 느낌을 구체적으로 표현해보았다. 안심은 편안하고 행복하면서도 ‘무언가’에게 쫓기는 게 사라진 해방되는 느낌이다. 나의 경험으론 그렇다. 이런 긍정적이고 추상적인 단어들을 자주 사용하는 일이 있었으면 좋겠다.

- [x] 세연이는 한 편의 글을 어떻게 요리할지 이제 제법 아는 것 같아. 세연이가 제시해준 세 편의 레시피 모두 '안심'을 각자 다른 방향으로 나타내고 있어. 선생님은 두 번째 이야기가 인상 깊은걸. 하필 목이 쉰 날에 가창시험을 친다고 하니, 연습을 안 했으면 모르겠지만 열심히 했으니까 얼마나 억울했을까. 그런 불안과 안심 사이의 초조했던 마음은 그때만 느낄 수 있잖아. 대신 이렇게 기록으로 남겨두면 두고두고 기억할 수 있지.

추상적인 단어를 구체적으로 표현
(부제: 말이 안 되는 주제)

곽진호

나는 추상적인 단어를 구체적으로 표현해야 한다. 이 글을 쓰려면 구체적을 알아야 하는데 구체적은 사물이 실제적이고 개별적인 형태를 갖추고 있는 것이다. 근데 추상적은 볼 수 없고 만질 수도 없는 그냥 형태가 없는 생각일 뿐이다. 그렇기에 이건 너무 까다롭다. 추상적인 단어를 사실적으로 표현하기 너무 어렵다. 그래도 한번 해보려고 한다.

나의 단어는 평화이다. 평화는 서로 싸우거나 미워하는 것이 아니라 서로 싸우지 않고 우호적인 것이라고 한다. 평화는 싸우지 않고 서로 배려하는 것이다. 그러기에 사람을 잘 이해해야 한다. 평화를 구체적으로 표현하면 배려라고 표현할 수도 있겠다. 그만큼 배려가 중요하다. 그래서 평화는 배려인 것 같다. 서로서로가 존중하고 배려해야 평화가 완성되는 것이기 때문이다. 평화는 싸우지 않는 의미 말고도 여러 뜻이 있다.

그래서 평화를 구체적으로 표현해보면 사람들이 서로 싸우지 않고 배려하고 존중해서 우호적으로 지내는 일이라고 표현할 것이다.

오늘은 평화를 구체적으로 표현해 보았다. 어려웠지만 그래도 감을 잡으니 해볼 만했다. 평화 같은 추상적인 의미에 대해서 깊게 생각해볼 수 있었다.

☑ 부제에서 진호가 이번 글을 얼마나 어렵게 썼을지 짐작이 된다. 많은 단어 중에 평화라는 단어를 고른 이유가 궁금하네. 평화는 모두가 그 뜻을 알고, 간절히 바라는 상태이지만 사실 말로 설명하라고 하면 어려운 단어야. 당장 남북 관계만 봐도 어떤 상태가 '평화로운' 상태인지 국가마다, 정치인마다, 국민들마다 입장이 조금씩 다르지? 평화에는 '이해'와 '배려'가 앞서야 한다는 진호의 말이 와닿아. 그 사람의 말을 들어보지 않고 혼자서 우리는 평화롭다, 라고 하는 것은 진정한 평화가 아니겠지.

우정

유시율

나는 엄청 친한 친구 두 명이 있다. 바로 예영이, 민서이다. 우리 셋은 어린이집 때부터 알고 지내던 사이이다. 이제 11살이므로 8년 된 친구이다. 오래된 우정이니 그만큼 싸운 적도 많다.

내 생각은 우정은 정이 많은 오래된 친구이다. 항상은 아니지만 같이 다니는 친구라고 생각한다.

친구끼리 오래되어서 우정이 되면 하고 싶어지는 것도 많다. 우정 반지, 또는 우정 가방고리 등 나도 해본 적이 있지만 항상 잃어버린다. 잃어버린다고 우정이 깨지지는 않는다. 하지만 우정 반지, 우정 가방고리 등이 새로 생겼을 때는 우리 우정이 더 돈독해 보인다. 내가 생각하는 우정은 그런 거다.

☑ 우정을 구체적으로 설명하는 시율이의 이번 글에서는 다른 것보다도 자신감이 묻어나 있어. 우정에 관해서라면 시율만큼 전문가인 사람이 별로 없기 때문이지. 8년째 우정을 유지해온 시율과 예영, 민서의 이야기를 글로 다 쓸 수 있다면 이미 한 권의 책이 나오지 않았을까.

추상적인 것

조율

이번 주 숙제가 추상적인 것을 구체적으로 나타내기여서 '이게 무슨…?' 이렇게 생각했는데 유튜브에 검색하여 이해했다.

내가 구체적으로 나타낼 단어는 사랑이다. 사랑이란 별일 아닌데 신경 쓰게 되는, 둘이 있으면 잘 보이려고 하는 것이다. 나이가 12살밖에 안 되니 잘 모르지만, 내가 아는 사랑은 이 정도이다. 더 이야기해보자면 사랑은 존재를 엄청 아끼고 귀중히 여기는 마음이다. 내가 아는 사랑은 여기까지다.

☑ 여자친구랑 있으면 자꾸 배에 힘을 주게 된다는 율의 이야기를 들으니 사랑을 알고 모르는 것에는 나이가 별로 중요하지 않다는 생각이 들어. 어떤 사랑은 할머니가 되어서도 잘 모르겠고, 어떤 사랑은 아주 어려도 충분히 느낄 수 있거든.

추상적인 것과 구체적인 것

김예영

[사랑]

어떤 사람이나 존재를 몹시 귀중히 여기는 마음. 또는 그 어떤 사물이나 대상을 아끼고 소중히 여기거나 즐기는 마음. 또는 그런 일. 남을 이해하고 돕는 마음. 또는 그런 일.

[질투]

부부 사이나 사랑하는 이성 사이에서 상대되는 이성이 다른 이성을 좋아할 경우에 지나치게 시기함.

다른 사람이 잘되거나 좋은 처지에 있는 것 따위를 공연히 미워하고 깎아내리려 함.

[우정]

친구 사이의 정.

2021.9.18.(토) 출처: 표준국어대사전

- [x] 예영이는 사랑과 질투, 우정이라는 세 단어를 각각 사전에서 찾아보았

구나. 이토록 추상적인 마음을 단 두 글자로 맨 처음 정한 사람들도 신기한데, 그것을 다시 문장으로 풀어 쓴, 사전을 만든 분들도 참 대단하지 않니.

19

오늘 시후한테 전화 한번 해야겠다

우리는 살아가면서 여러 감정을 느끼며 살아간다. 보통은 기쁘고 들뜨고 설레는 마음을 더 느끼고 싶기 마련이다. 그런데 기쁘고 들뜨고 설렐 때보다 조금 슬프거나 외롭거나 그리움을 느끼게 될 때 글을 쓰고 싶다는 마음이 드는 경우가 많다. 그 이유는 아마 글을 쓰며 왠지 위로받는 느낌이 들기 때문일 것이다.

이번 수업 시간에는 여러 감정 중에서도 그리움에 대해 써보기로 했다. 그리움은 보고 싶다는 마음과 비슷하지만, 보고 싶다는 마음보다 조금 더 간절하고 조금 더 슬프게 느껴지기도 한다. 더 이상 쉽게 볼 수 없는 무언가를 그리워하는 경우가 많기 때문이다. 우리는 과연 내가 그리워하는 대상이 있다면 무엇일지 생각해보며 그에 대해 글을 써보기로 했다. 보고 싶은데 이제는 보지 못하는 사람, 혹은 다시 누릴 수 없는 행복했던 기억에 대해 떠올려볼 수도 있다. 어쩌면 조금 슬퍼질 수도 있지만, 글로 그 마음을 꾹꾹 눌러 적으면 그 사람이나 기억이 내 마음속에 생생히 살아 있다는 것이 느껴져 마음이 따뜻해질지 모른다.

솔직히 말해 이번 글방의 주제는 글방 아이들과 글방 수업이 벌써부터 그리워진 선생님들의 심정을 아이들과 나누고 싶다는 욕심에서 정한 것 같다는 생각도 든다.

아이들이 각자 개성이 넘치는 글을 써 올 때, 자신의 글을 멋지게 낭독

할 때, 친구의 글에 대해 함께 대화를 나눌 때가 모두 생생히 떠오른다. 그 기억은 곧 과거가 되겠지만, 이렇게 글을 남김으로써 우리들의 마음속에 2021년 봄여름의 기억이 고스란히 간직될 수 있기를 바란다.

소중한 글방 아이들 진호, 선우, 세연, 예영, 민서, 시율, 율아! 너희들의 기억 한편에 걸음글방이 작게나마 자리하기를 바라. 과거는 단지 사라져 버린 것이 아니라 이렇게 그리워하는 마음을 통해, 그리워하는 마음을 적은 글을 통해 계속 우리 안에 생생히 살아 있을 수 있는 것 같아. 우리 이제 각자의 글 위를 걸어가다, 또 만나자.

그리움에 대해

조율

내가 지금 가장 보고 싶은 사람은 시후이다. 진짜 코로나가 생기고 나서부턴 한 번도 못 만난 것 같다(학교에선 좀 만남).

시후는 착하고 키도 크고 맛있는 것도 많이 사준다. 예전에는 자전거 엄청 많이 타고 자주 게임했는데 요즘은 게임도 잘 안 한다. 오늘 시후한테 전화 한번 해야겠다!

☑ 율이가 시후 이야기를 많이 해줘서 시후가 어떤 친구인지 선생님도 궁금해진다. 제일 친하게 지냈던 친구인데, 자주 못 보게 되어 많이 속상할 것 같아. 연락 한번 해보아야겠다는 결심을 꼭 지키길 바라.

나의 그리운 것

김세연

사람에게는 그리운 것이 하나쯤은 있다. 그것이 어릴 적 나와 같이 놀던 친구, 애완동물 그리고 어린 시절 등 여러 가지가 있을 것이다. 나에게 가장 그리운 것은 나의 도둑 맞은 자전거이다. 그 자전거로 묘기도 부리고 열심히 타고 다녔다. 그때 자전거와 함께하던 추억들과 기술들이 그립다. 그 자전거는 파란색 바퀴와 몸, 앞에는 바구니가 달렸으며 곰돌이 무늬의 자전거이다. 40도로 기울여 타는 묘기도 부렸는데.

학교를 마치고 돌아와 보니 우리 집엔 자전거가 없는데 골목에서 내 것과 똑같은 자전거를 봤다. 이상하다고만 생각했었다. 그런데 아 그런데 다음 날 아침에 그 자전거가 사라져 있었다. 그때야 내가 늦었다는 걸 알고 좌절했었다. 후회와 슬픔이 반복해 왔다 갔다 하며 정신이 없었다. 아니 그냥 어이가 없었다. 그래도 3년 전 그때의 일은 슬프지만 큰아버지가 곧 쓰던 자전거를 주신다고 하니 받을 날이 너무 기대된다.

이렇게 내가 그리운 것에 대해 써보았다. 다른 글방 친구들도 보고 싶은 사람, 그리운 것에 대해 썼을 것이다. 그리고 그 모든 것은 추억이 담긴 것일 것이다. 그러니 이 추억들을 끝까지 간직하고 잊지 않았으면 좋겠다.

☑ 세연이 글은 보통 기승전결이 명확하고, 특정한 에피소드를 실감나게 잘 표현한다는 장점이 있어. 이번 글에서도 그 장점이 잘 드러나네. 자전거를 잃어버린 슬픔을 바로 극복하고 잊어버릴 필요는 없을 거야. 자전거에 대한 추억을 이렇게 기록하는 방식으로 그 슬픔을 아름답게 간직해보면 어떨까?

내가 지금 보고 싶은 사람

박민서

나는 지금 보고 싶은 사람이 없다. 굳이 따지자면.. 없다.. 음.. 굳이 따지자면 음.. 미래의 나다. 미래에 나는 돈은 많은지 돈을 많이 버는지 어떤 직업인지 공부는 잘하는지, 인간관계는 괜찮은지, 지금은 놀고먹고 있는데 나중에도 그래서 거지가 됐는지 그런 게 궁금하다. 나중에 이왕이면 돈도 많고 직업도 좋고 공부도 잘하고, 인간관계가 모두 다 있으면 좋겠다. 이왕이면 직업, 공부, 인간관계 모두 다 필요 없고 돈 많은 백수면 다 괜찮다. 음.. 인간관계는 좀 필요할 거 같다.

☑ 그리움은 보통 과거의 순간이나 과거에 만났던 사람에 대해 느끼는 감정인데, 민서는 미래의 민서가 보고 싶다고 해서 정말 놀랐어. 아주 재미있는 상상이야. 선생님도 민서의 미래가 정말 궁금한데, 선생님한테는 민서 곁에 귀여운 동생들과 시율이랑 예영이라는 든든한 친구들이 있는 장면이 먼저 떠오르네. :)

그리움

유시율

오늘은 그리움에 대해 쓰는 것이다. 그리움은 '보고 싶다.'라는 말과 비슷하다. 실제 대화에서 큰 의미 차이는 없지만, 굳이 차이가 있다면 '보고 싶은 사람' 같은 인격체에 사용하고, '그리우다'는 좀 더 사용할 수 있는 범위가 넓다. 그리고 '그리우다'는 어색한 표현이고 '그립다'라는 표현이 더 정확하다. 예를 들어 "나는 그녀가 '보고 싶다'/'그립다'"-O, "나는 고향이 '그립다'"-O. "나는 고향이 '보고 싶다'"-X이다. 지금 우리 엄마가 병원에 입원을 하셨는데 엄마가 너무 그립다. 너무 보고 싶다. 엄마가 빨리 퇴원했으면 좋겠다! 이렇게 오늘은 그리움에 대해 써보고 나의 경험도 말해보았다.

☑ 그립다는 단어의 뜻, 용법을 찾아보고 정리하며 글을 시작한 점이 인상적이야. 시율이 어머님이 어서 회복하셔서 건강히 시율이 곁에 계시면 좋겠어. 이 글을 읽은 어머님께도 시율이 마음이 전해지길.

그리움에 대해

김선우

그리움이란? 가까이 아니면 멀리 있는 친구나 가족 애완동물 등이 보고 싶고 생각나는 것이다.

아직 나는 그리움이 매일 매일 생기는 감정은 없지만, 이번 글쓰기 주제를 봤을 때 가장 먼저 생각나는 친구가 있어서 그 친구를 그리워하는 마음을 담아 편지를 써보겠다.

To. 보고 싶은 내 친구 서연이에게

서연아 나 선우야~^^

우리가 5살 때 발레학원에서 처음 만났잖아.

그때는 어려서 그냥 만나는 게 좋았는데 지금 생각해보면 그때가 참 그리워!! 그때 더 친하게 지낼걸, 하는 아쉬움도 들어. 너가 이사 가고 더 자주 못 보지만 우리가 한번 만났을 때는 호캉스를 하게 되는 점은 너무 좋은 것 같아^^ 근데 요즘은 코로나 때문에 너와의 만남이 진짜 어려워져서 속상해ㅜㅜ 하지만 카톡으로 우리가 소통하고 있어서 정말 다행이야ㅋ 코로나가 종식되면 우리 자주 만나서 함께 놀자!! 항상 건강하고 많이 그리울 거야ㅜ

From. 언제나 함께한 너의 절친 선우가

- [x] 그리움을 자주 느끼지는 않지만, 이 주제를 보니 바로 생각나는 사람이 있었다니! 내가 서연이라면 참 행복할 것 같다. 누군가가 나를 그리워하는 마음을 전달받는 것은 참 행복한 일이야. 선우가 이런 글을 쓴 것이 누군가에게 행복이 되었으면 좋겠네.

그리운 사람에 대해 쓰기

김예영

오늘은 그리운 사람에 대해 쓰기이다. 일단 내가 그리운 사람은 어린이집 때 친했던 하양이라는 친구가 그립다.. 그 친구는 내가 처음으로 친해졌던 친구일 거다. 하양이의 소개를 하자면 착했던 것 같다. 어린이집 친구인데 왜 그립냐구? 그 아이는 전학을 갔기 때문이다. 이유는 모르겠지만 전학을 갔다. 놀이터 근처 성당을 다닌다고 들었는데 한 번도 만난 적이 없다.. 하도 같이 놀아서 기억에 남는 친구이다. 하양이는 날 기억하는진 모르겠다.. 하양이를 좋아하는 사람은 많은 것으로 기억한다. 동생들도 좋아할 만큼 인싸였다. 지금까지 하양이의 TMI여따.

☑ 글방 수업을 하며 예영이가 친구들을 얼마나 소중히 생각하는지 참 잘 느껴져. 누구라도 예영이와 친구가 될 수 있다면 그 사람은 참 좋겠다! 예영이같이 멋지고 착하고 재미있는 친구를 둬서 말이야. 어린이집 때의 기억이 선명하게 나기가 쉽지 않은데, 예영이가 하양이와 같이 놀았던 시간이 예영이에게 참 즐겁고 소중한 기억으로 남은 것 같아. 이렇게 글로 썼으니 그 기억이 좀 더 예영이에게 좀 더 오래 남아 예영이에게 행복함을 주었음 좋겠네.

그리운 것에 대해 쓰기

곽진호

나는 그리운 사람에 대해 쓰려고 했는데 그립지 않은 사람도 있고 그리운데 자세히 쓰지 못할 것 같아서 그냥 코로나 후에 못한 것들에 대해 써보려고 한다. 왜냐하면 기억이 흐릿하다. 그 이유는 그 기억이 4년 전이기 때문이다. 이제 자세히 써보겠다.

나는 코로나 이전이 너무 그립다. 왜냐하면 나는 코로나 전에 지금보다는 더 활발했다. 그래서 다시 그랬으면 좋겠는데 코로나 때문에 밖에서 놀지도 못하고 집 안에서 책 읽거나 게임을 하게 된다. 그래서 코로나 이후로 더 우울해진 것 같다. 또 코로나 전에는 동아리를 했었다. 친구들 3명과 내 동생이랑 나랑 보드게임을 한 동아리였다. 처음에는 내가 만들고 엄마가 만날 장소를 찾아주었다. 그리고 그때의 반 친구들과 했었다. 처음엔 나 포함 3명 정도였지만 내 동생도 오고 친구도 한 명 더 생겨서 5명이서 했던 기억이 난다. 그 기회 덕에 나도 친구들과 친해질 수 있었다. 전학 오고 나서 조용해진 것 같다. 전학 오기 전에는 친구들이 많았다. 그 친구들과 놀 수 있었다. 전학 온 후로도 새로운 친구들과 만나고 놀았지만 코로나 이후로는 그러지 못했다. 이제는 학원에서 만나는 것뿐이다. 이제는 학원과 학교 가는 것 말고는 코로나 때문에 집에 있어야 한다(물론 예외는 있다. 다른 수업을 오프라인으로 듣는다는 것 같은 것 말이다). 다행히 요즘 재밌는 책을 찾았는데 빌릴 수가 없다. 나는 보통 시리즈를 좋아한다. 근데 아직 2권까지밖에 안 나왔다. 나가서 놀지 못해서 지루하고 심심하다. 그래서 나는 코로나가 싫다. 만약에 코로나 이전으로 돌아갈 수 있다면 그럴 것이다. 끝 THE END.

2021/09/25

☑ 진호는 그리움의 대상을 사람이 아니라 시기로 정한 것이 흥미롭다. 진호 글을 읽으니 선생님도 코로나 이전이 정말 그리워졌어. 코로나로 인한 우울함을 진호가 현명하게 헤쳐나가기를 바라. 걸음글방 시간도 새로운 친구들을 만나고 심심함을 달래는 작은 위로의 시간이 되었길 바라.

20

우리 글방을 소개합니다

글방을 하면서 우리는 많은 것을 했고, 또 하지 못했다. 코로나 바이러스 때문에 시작부터 줌 화면으로 만났던 우리의 수업은 끝날 때까지도 줌으로 계속되었다. 우리의 계획 중에는 동네 서점에 놀러 가고, 화방을 빌려서 다 함께 만화를 그리고, 책이 출간되는 기념으로 먹고 싶은 것들을 차려서 파티를 하는 것들이 있었는데, 다 하지 못했다. 그동안 학년도 달라지고, 중학교에 간 친구도 있다. 글솜씨는 늘었을까? 분명 선생님이 따로 만들어두라고 한 '걸음글방' 폴더에는 한글 파일이 20개나 들어 있는데 여전히 타자를 치는 데 시간이 걸리고, 맞춤법을 틀리고, 친구들 앞에서 글을 읽는 게 부끄럽기도 하다. 한 걸음씩 나아가는 글방이 혹시 제자리걸음 글방이었을까.

그러나 분명 바뀐 것도 있다. 서로가 어떤 사람인지를 조금은 알게 되었고 내가 어떤 스타일의 글을 쓰는지도 알게 되었다. 세연이는 자기가 딱딱한 글만 쓰는 줄 알았는데 이제 조금은 느슨한 글을 쓰는 법을 알게 되었다. 예영이는 짧은 글을 쓰다가 원고지가 두 장이 넘는 글을 쓰기도 했다. 항상 카메라에 얼굴을 반쪽만 내놓고 있는 민서는 글을 읽는 것이 민망해 이건 내가 쓴 글이 아니라 국어책에 실린 글이다, 생각하고 꼭 로봇처럼 읽었는데 사실은 제일 솔직하게 자기 이야기를 쓰는 사람 중 하나다. 선우는 매끈하게 멋진 나의 모습만이 아니라 우둘투둘하고 흐릿한 모습들에도 점점 관심을 갖게 되었다. 학년이 가장 높았던 진호는 하고 싶은 말들이 점점 괄호 속이나 파일명 밖으로 튀어나와 본문의 문장들과 각주에 정확하게 담기게 되었다. 첫 시간에 친구들의 자기소개를 듣다 더 이상 움직이지 않고 잠들어버려 선생님들을 당황케 한 율은 마지막 시간에 전학을 간다는 슬픈 소식을 안기며 다음 시즌도 줌 수업으로 하면 안 되냐고 물었다. 시율은 “선생님, 저희 카톡방 만들어요!” 하며 줌 화면에 갇혀 있던 우리가 함께 나갈 수 있도록 제일 먼저 뛰어가 교실 문을 열어주었다.

여전히 밖에 나갈 땐 마스크를 써야 하고 여럿이서 모이면 걱정이 되지만, 언젠가 우리가 서로를 마주하리라 믿는다. 마주하는 것은 얼굴일 수도 있지만 조금 더 달라진 서로의 글이나 그림일 수도 있겠다. 이 이름이 혹시 내가 아는 그 이름일까, 설레하고 반가워할 날이 오지 않을까. 그때는 걸음글방을 잠깐 떠올려주세요.

글방을 소개합니다

유시율

나는 글방이 참! 좋다. 이번이 마지막이라 너무 아쉽지만 그래도 마지막까지 열심히 써볼 것이다. 우리 글방은 총 7명이다. 나, 민서, 예영이, 선우, 조율오빠, 세연이오빠, 진호오빠가 있다. 글방에서는 선생님이 두 명 계시는데 번갈아 가면서 수업을 하신다. 선생님이 숙제 주제를 알려주시면 우리는 그 주제로 자신만의 글을 써 오고 읽고 선생님과 이야기를 나누는 시간을 갖는다. 나는 이런 글방이 너무 좋다. 사실 처음에는 너무 어려워 보였는데 하다 보니 재미있고 더 수월해지는 것 같아 뿌듯했다. 나는 빨리 우리가 만든 글 책이 나왔으면 좋겠다! 너무 기대가 된다. 지금까지 우리 글방을 소개하는 글이었다.

☑ 씩씩한 배우 톤의 목소리로 선생님! 민서야! 야, 예영아! 하고 사람들을 불러대던 시율의 글이 시율의 목소리만큼 에너지가 넘치는 것을 선생님은 쏟아지는 느낌표 비에서 느꼈어. 마지막까지 글방이 참! 좋다고 해주어 선생님도 기쁘다.

글방 마지막 숙제

곽진호

오늘은 글방 마지막 숙제를 해보려고 한다. 오늘 숙제는 글방 소개 혹은 글방 숙제, 친구들, 선생님 등의 대한 느낀 점이다. 나는 글방 소개는 자신 없어서 더 쉽고 내가 좀 더 잘하는 느낀 점에 대해 써보려고 한다. 오늘 수업이 글방 마지막이라고 한다. 벌써 이렇게 끝나서 아쉽다. 비록 숙제가 어렵고 힘들고 귀찮긴 했지만 글을 쓰면 재미있었다. 또 낭독도 내가 발표를 잘 못하는데 용기를 가지게 해주었다. 그만큼 글방 수업이 유용하고 재미있었다. 다만 아쉬운 점은 코로나 때문에 책방 같은 데도 못 가봤다. 그래서 많이 아쉬웠다. 그래도 책도 만들어지고 친구들도 만나서 좋았다. 솔직히 숙제가 많이 애매했던 적이 많다. 근데 그렇지 않으면 쓸 거리도 없던 그런 주제가 많았다. 그만큼 글이 쓰기도 힘들고 어렵지만 다 쓰고 나면 성취감이 있고 한번 읽어보면 막상 후회되지도 않고 재미있다. 그래서 쓰는 것 같다. 쓰다 보면 나도 거기에 빠지게 된다. 빠지면 점점 재미있어지고 결국에는 글 쓰는 것이 재밌어진다. 강제로 시키는 것보다 스스로 쓰다가 쓰는 글쓰기가 더 재밌는 것 같다. 근데 주제에는 자유주제가 없다. 자유주제를 한번만이라도 해보고 싶다. 학교에서 쓰는 글보다 여기서 쓰는 것이 더 재밌는 것 같다. 여태껏 숙제 중 이어쓰기, 추상적인 것을 구체적으로 쓰는 숙제 등이 참신하고 재미있었다. 그래도 자유주제를 했으면 더 좋았을 것 같다. 숙제를 하면서 숙제를 한다는 생각보다는 그냥 글을 쓴 것이라는 생각이 더 많이 든 것 같다. 글방 수업을 하면서 친구들의 생각을 낭독으로 더 잘 들을 수 있었다. 친구들 중에서도 세연이가 깊게 생각하고 고지식한 것 같았다. 근데 내가 저번에 인터뷰 때 순서를 기억을 못 해서 내가 그게 아니라고 했는데 짜증을 많이 냈다. 그것만으로도 짜증을 많이 내는 성격 같았다. 세연이의 글을 보니까 시간이 오래 걸릴 수밖에 없는 글이었다. 그만큼 잘 썼다. 다른 친구들도 글을 잘 썼다.

오늘은 글방에 대한 느낀 점을 써보았다. 4페이지까지 쓰고 싶지만 더 이상 쓸 거리가 없어서 여기까지만 쓰겠다. 오늘은 너무 재미있다. 지금까지 글방 마지막 숙제였다. 느낀 점 쓰는 글은 언제나 재미있는 것 같다. 끝.

2021/10/02(토)

☑ 진호가 글쓰기를 이렇게 재미있어하는 줄 알았다면 선생님이 머리를 쥐어짜내서라도 더 재밌는 주제들을 생각해냈을 텐데. 무엇을 물어보면 처음에는 연결이 끊겨서 화면이 멈춰 있나, 생각이 들기도 했지만 워낙 신중하게 생각하고 대답을 하는 편이라 조금 더 기다려야 한다는 것을 이제는 알지. 나를 깊게 생각하게 만드는 그런 질문들이 진호는

애매하다고 여길지 모르지만 곰곰이 생각해보는 과정에서 답은 조금씩 만들어지는 건지도 몰라. 내가 쓰고 있는 게 바로 답이라는 확신이 있다면 말이야.

걸음글방 후기작성

김세연

이제 걸음글방도 이번 회로 끝이 난다. 씁쓸하기도 하지만 이제 급하게 글을 안 써도 된다는 속 편한 마음도 있다. 그래서 오늘은 마지막이니 지금까지 해왔던 걸 토대로 걸음글방의 리뷰를 해본다.

걸음글방을 하면서 내가 바라는 쪽은 아니었지만 예전엔 글이 딱딱했다면 지금은 글이 더 부드럽고 자연스러워졌다. 저번에는 글의 설정을 극단적으로 했다면 이제는 좀 더 느슨해졌다.

우리 글방 친구들, 형, 동생들 모두 재밌고 활발해서 나도 같이 있으면 행복하고 즐거웠다. 그리고 선생님들도 친절하시고 좋은 말씀을 많이 해주셔서 걸음글방 하면서 잘해주셔서 지금처럼 더 글이 부드러워진 것 같다.

다음에 선생님들이 걸음글방을 또 하실 생각이 있다면 지금보다 더욱 발전한 모습을 기대하며 또 참여할 것이다.

☑ 글방 숙제를 하는 데에만 서너 시간씩 쓴다는 세연의 말을 듣고 선생님은 뿌듯하면서도 한편으로는 글쓰기가 하기 싫고 괴로운 일이 되어버

리면 어쩌지, 하는 걱정을 했어. 누군가의 말대로 '깊게 생각하는' 세연의 글은 분명 자기 글과 '싸우면서', 또 아끼면서 생긴 애증이 다 담겨 있어. 그렇게 노력을 들여서 한 일이 좋은 기억으로 남도록 결과물을 잘 보듬어주기 바라며.

글쓰기 방 소개, 추억

조율

굴쓰기방(글방)은 일주일마다 원고지에 주제 글을 쓰는 활동이다. 여러 친구들과 수다도 떨고 글도 평가도 하니 넘 재미있었다. 제일 기억에 남는 수업은 바로 [영화감상문]이었다. 제일 재밌었던 수업은 [인터뷰]였다. 가끔 너무 귀찮고 화도 났지만 행복했었다. 선생님들도 넘 재밌고 똑똑하셔서 5개월 정도 동안 너무 좋은 추억을 쌓은 것 같아서 기뻤다.

글방 파이팅!

- 조율 -

- [x] 다른 친구들처럼 한글 파일을 보내는 대신 원고지 공책에 글을 써 선생님들에게 사진을 찍어 보내줬던 율의 글씨를 글방 친구 중 유일하게 기억하게 되었네. 내용은 길지 않았지만 꾹꾹 눌러 정자로 쓴 글자들을 보면 율이 한 편의 글을 쓰는 데 꽤 많은 시간이 걸렸겠구나, 짐작하게 돼. 그 시간들에서 지루함, 분노, 행복과 같은 여러 감정을 최대한 많이 겪는 게 선생님들의 목표였는데 이렇게 정확히 율이 짚어주었네.

우리 글방을 마무리하며

김선우

글방 선생님, 친구들과 만난 지가 벌써 5개월이라는 시간이 지났다. 수업하는 동안 힘들고 부담스러울 때도 많았지만 그것보다 기다려지는 시간들이 더 많았던 것 같다. 이제 끝난다고 생각하니 많이 아쉽다. ㅠㅠ 하지만 내가 지금까지 해보지 못한 수업들이어서 더 새롭고 좋았다. 그중 친구의 비밀을 파헤치기, 친구에 대한 인터뷰를 하는 것이 제일 기억에 남고 재밌었다. 왜냐하면 우리 글방에 있던 몇 명의 오빠들의 속마음을 알아볼 수 있었던 시간이기 때문이다.

또 기회가 된다면 다시 글방 2차 수업을 받고 싶다. 선착순 말고 도희쌤, 보경쌤이 우리를 꼭 불러주시면 좋겠다~!! 그동안 감사했습니다. ^~^

☑ 걸음글방은 선우에게도 그렇지만 선생님들에게도 지금까지 해보지 못한 수업이었어. 선생님들의 화면공유 권한을 뺏어가고, 강원도 여행 중에도 교실에 접속해 뜬금없이 하늘을 보여주고 바람 소리를 들려주던 선우의 엉뚱함이 긴장을 풀어준 것 같아. (이게 마냥 좋은 건지는 더 생각해봐야겠지만 하하.)

잘 쓰기보다는 재밌게 쓰기를 향해

독일의 동화작가 미하엘 엔데의 동화 『모모』(1970)에서는 한 마을의 원형극장에 부모도 형제도 없이 혼자 사는 소녀 모모가 나온다. 그래도 모모는 외롭지 않은데, 마을 사람들이 가끔 찾아와 집을 수리해주고 음식을 갖다주기 때문이다. 뿐만 아니라 모모가 살기 시작한 뒤부터 동네 아이들은 매일같이 원형극장을 찾아와 모모와 어울려 논다. 모모가 배꼽이 빠질 정도로 재미있거나 기막힌 조언을 해줄 정도로 똑똑한 것도 아닌데 마을 어른과 어린이들이 계속 찾아오는 이유는 단 한 가지다. 모모에게는 다른 사람의 이야기를 잘 들어주는 재주, 아니 정확히는 누구보다도 다른 사람의 말을 충분하게 들어줄 시간이 있기 때문이다. 누구든 모모를 찾아가 속에 있는 말을 하다 보면 처음에는 어색하고 자신이 왜 여기에 있는지 잘 모르겠다가도 이내 기발하고 대담한 생각을 하게 된다. 불행한 사람은 희망을, 갈등하는 사람들은 화해를, 어린 아이들은 재미난 놀이를 개발해낸다.

모모의 능력은 모두가 가진 어떤 가능성을 먼저 인지하고, 그것을 상대방도 스스로 알 수 있도록 기다려주는 데에 있었다. 그 가능성을 모모 자신이 구체적으로 알지는 못한다. 그러나 상대방이 구체적인 무언가를 배워서 자신과 자신의 주변 사람들을 위해 사용할 수 있도록 모모는 기다린다. 그 지식은 모모의 것도 아니고, 모모에게 꼭 필요하지도 않다. 그러나 모모가 없었다면, 그는 혼자서 그것을 배우지는 않았을 것이다. 또 모모가 하나부터 열까지 다 알려줬다면, 그날만은 눈이 반짝하고 무릎을 탁 쳤을지 모르지만 곧 기억에서 잊어버렸을 것이다.

인지에 관한 사람의 능력은 다 제각각이다. 어떤 어린이는 기억력이 비상해서 한 번 말하면 바로 알아듣고, 다른 어린이는 그렇지 않아서 물건을 자주 잃어버리거나 여러 번 말해줘야 한다. 누군가는 언어나 공식 같은 새로운 지식을 빨리 흡수하고, 누군가는 그렇지 않다. 그러나 사회가 이것을 잘하고 못함, 성공과 실패의 기준으로 바라본다면 남들보다 시간이 조금 더 걸리는 사람은 시도조차 하지 않을 확률이 높다. 시간을 아껴야 한다는 오늘날 우리의 강박관념은 오지도 않은 아이의 미래를 뺏는다. 『모모』에서 마을이 도시가 되고 아이들이 원형극장이 아니라 탁아소로 가면서 모모는 점점 친구를 잃는다. 탁아소에서 아이들은 스스로 놀이를 고안해내지 않고 어른들이 만들어낸 뭔가 유용한 것들을 배워야 한다. 미래의 인적 자산인 아이들이 소중한 시간을 낭비하면 안 되기 때문이다.

시간 낭비에 대한 두려움은 1970년대 독일뿐 아니라 50년이 지난 지금 한국에서도 여전한 것 같다. 지금 가장 빠르고 안전해 보이는 길이 내일은 어떻게 될지 아무도 모르는데 말이다. 동물학자 최재천의 말대로 지난 몇십 년 동안 한국의 교육이 학생들을 문/이과로 나눠서 잘하는 것만 더 잘하게 하고, 못하는 것을 잘할 수는 없게 만든 것은 국가적으로도 엄청난 손실이 아닐 수 없다.

글을 잘 쓰는 것만큼 시간이 더디게 걸리는 일이 있을까. 몇 시간이고 컴퓨터 앞에 앉아 타자를 치다 욱신거리는 어깨와 누구에게도 보여주기 치욕스러운 글만이 남을 때면 나는 더 일찍부터 글쓰기를 시작하지 않은 것을 후회한다. 낙담과 조급함은 현대사회를 살아가는 우리 모두가 겪는 것이지만, 한편으로 느리게 걷는 시간을 미워하지 않는 법도 배워야 한다. 글방 운영은 그런 것들을 이해하는 데 도움이 되었다. 글방에서 우리는 어린이들이 글쓰기를 잘하기보다 재밌어하기를 바랐다. 사실 재밌는 글쓰기는 잘하는 글쓰기보다 가르치기 더 힘들다. 과외나 학원, 대학에서 입시 논술을 가르친 경험이 꽤 되는 우리지만 글방이 끝나면 진이 다 빠져서 컴퓨터 앞에 한참 멍 때리고 앉아 있을 때도 많았다.

시간에 쫓기는 아이들과 어른들을 구하기 위해 모모는 모험을 떠난다. 모모의 동행자이자 미래를 볼 수 있는 거북 카시오페아는 모모가 좀 더 빨리 걸으면 안 되느냐고 묻자 대답한다. "느리게 갈수록 더 빠른 거야." 한 걸음, 한 걸음 딛는 이 걸음이 닿을 '나'들을 기다려본다.